기도문
필사
시리즈
2

**70일 기도문 필사 노트 2**
- 하나님의 성품을 닮아가는 그리스도인 -

세움북스는 기독교 가치관으로 교회와 성도를 건강하게 세우는 바른 책을 만들어 갑니다.

# 70일 기도문 필사 노트 2
**하나님의 성품을 닮아가는 그리스도인**

**초판 1쇄 발행** 2021년 8월 25일
**초판 2쇄 발행** 2022년 2월 28일

**지은이** | 배태진
**펴낸이** | 강인구
**펴낸곳** | 세움북스

**등 록** | 제2014-000144호
**주 소** | 서울특별시 서대문구 연희로 160 3층 연희회관 302호
**전 화** | 02-3144-3500
**팩 스** | 02-6008-5712
**이메일** | cdgn@daum.net

**교 정** | 류성민
**디자인** | 참디자인

**ISBN** 979-11-91715-07-1 (03230)

* 이 책은 신저작권법에 의하여 국내에서 보호를 받는 저작물입니다.
  출판사와의 협의 없는 무단 전재와 무단 복제를 엄격히 금합니다.
* 책값은 뒤표지에 있습니다.
* 잘못된 책은 교환하여 드립니다.

# 70일 기도문 필사 노트 2

하나님의 성품을 닮아가는
**그리스도인**

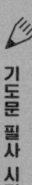

기도문 필사 시리즈 2

배태진 지음

## Preface
이 시리즈의 필요성

기도문을 쓰던 당시, 제 글이 책으로 나오리라고 생각하지 못했습니다. 저는 그리 대단한 사람이 아니기 때문입니다. 그저 아이를 키우면서 기저귀 똥 냄새를 힘들어 하는 평범한 가장이며, 이것저것 빠뜨리는 것 많은 부족한 전도사입니다. 그래서 제 기도문에는 평범한 그리스도인의 평범한 고민이 담겨 있습니다. 주님을 따르고 싶으나 그러지 못하는 부족함도 기도문에 가득합니다.

개인의 기도문을 세상에 꺼낸다는 것은 굉장히 두려운 일입니다. 이 일로 저는 하나님 앞에 더 많은 책임을 져야할지 모릅니다. 책에 담은 이상, 상업성 역시 전혀 배제할 수 없게 되어 마음이 무겁습니다. 무엇보다 큰 부담은 제가 이러한 기도문을 담을 만한 그릇이 아닌 것에 있습니다. 이 기도문의 저자도 이것을 읽으시는 분과 동일한 성정을 가진 연약한 자임을 부디 염두에 두시길 부탁드립니다.

세움북스의 출간 제안을 받은 뒤 여러 염려가 있었지만 책을 출간하기로 마음먹었습니다. 무엇보다 기도를 기록함의 유익이 세상에 전해지길 원했습니다. 기도문 기록의 유익은 제 자신이 경험해온 바입니다. 기도를 기록하면서 기도하는 내용을 스스로 정리하며 다음 내용을 이어갈 수 있었습니다. 허공의 말이 아닌 분명한 언어를 사용해서 기도할 수 있었습니다. 그래서 어떤 기도를 드리고 있는지 구체적 확인이 가능했고, 그 내용을 보관할 수도 있었습니다. 이전에 기록한 기도문을 다시 읽을 때는 큰 위로와 기쁨도 주어졌습니다. 주님 앞에 애쓰며 살아간 제 자신에 대한 격려도 되었고, 당시 제 영적 상태를 가늠해 볼 수도 있었습니다.

뒤늦게 알게 된 것은 기도문 기록의 유익을 말한 사람이 저뿐만이 아니라는 사실입니다. 팀 켈러는 『기도』에서 "습관이 붙을 때까지 이런 기본 구조를 좇아 하나님께 드리는 간구를 일기장에 적는 훈련도 성숙한 기도를 연습하는 좋은 방법이 된다."[1]라고 말했습니다. 또 팀 켈러는 "기도문을 따라 간구하는 방식을 장려하는 면에서는 종교개혁의 전통을 따른다."[2]고 하면서, '경험'과 '성경'을 따라 드리는 기도문 기록이 유용하다는 존 오웬의 말을 예로 듭니다. 오웬의 이야기를 좀 더 끌어가서 그가 말하는 기도문 기록의 유익함을 "마음을 움직여서 스스로 기도하도록 자극하고 올바른 방향으로 이끌어가는 구실을 한다."[3]라고도 정리합니다.

그동안 저는 기도가 무엇이고 어떻게 기도해야 하는지 묻는 성도님들을 많이 만났습니다. 부족한 저의 기도이지만 이들의 기도를 돕고 동역할 수도 있겠다고 생각했습니다. 중고등학생들이나 청년 그리스도인들은 기도의 내용과 형식이 어떻게 이루어져야 하는지 궁금해 하기도 했습니다. 기도에 이미 열정과 연륜이 있는 분들은 이 기도문을 보실 때 영적 연대의 기쁨이 있지 않으실까도 싶었습니다. 우리는 서로 다른 그리스도인들이지만 한 분 하나님을 섬기며 그분과 교제하는 공통적 경험을 하면서 살아가기 때문입니다. 그 밖에, 신앙이 부모 세대에서 자녀 세대로 이어지길 소원하는 신앙의 가정들에도 이 책이 유용할 거라 생각했습니다. 자녀가 하나님을 의지해 하루하루 살아가도록 신앙의 전수를 기대하는 가정들 말입니다. 그런 가정에서 이 책은 아이들과 소개된 찬양을 한 곡 부르고 성경을 읽은 후에 다 같이 기도하는 '매일 가정 예배 순서지'로 활용될 수도 있습니다.

『70일 기도문 필사 노트』는 '응답받는 기도의 비결'을 소개하지 않습니다. 그래서 누군

---

[1] 팀켈러, 『기도』(서울: 두란노, 2017), p. 276. 한편 팀 켈러는 28-29쪽에서 '오코너(Flannery O'connor)의 말로 기도를 쓰는 것의 한계도 소개합니다. "기도는 이처럼 사전에 어떤 의도를 가지고 기획할 수 있는 성질의 행위가 아니다." (이것은 팀 켈러의 말이 아닌 오코너의 말입니다.) 그리고 저 역시 이에 어느 정도 동의합니다. 기도문 기록이 기도의 전부는 아니기 때문입니다. 저는 오코너의 말을, 기도문을 기록하고 필사하면서도 우리가 메마른 심령이 될 수 있다는 것에 대한 경고로 삼습니다. 그리고 또 다른 확신으로 기도문 필사는 분명히 우리 그리스도인들에게 큰 도움이 된다는 입장을 견지합니다. 기도문 필사는 기도를 배우는 데 도움을 줄 뿐만 아니라 직접 하나님 앞에 기도하며 나아가는 것 자체에도 큰 유익이 있기 때문입니다. 팀 켈러 역시 오코너를 소개한 챕터에서 그 마지막 내용을 "그러므로 기도는 배워야 한다. 여기엔 선택의 여지가 없다."(37쪽)라고 말합니다. 그리고 267쪽에서 인용한 바와 같이 성숙한 기도를 훈련하도록 돕는 데 기도문 쓰는 것의 유익을 제시합니다.

[2] 팀 켈러, 『기도』, p. 338.

[3] 팀 켈러, 『기도』, p. 339.

가에게 이 책은 그냥 '신앙 고백적 기도문'에 그칠지도 모릅니다. 그러나 저는 이 책이 다음의 두 가지 유형 사이에 있다고 생각합니다. 앞서 말한 팀 켈러의 『기도』라는 책과 청교도의 기도 모음집인 『기도의 골짜기』(복 있는 사람)가 그것들입니다. 두 책 모두 관심있는 분들께는 잘 알려졌습니다. 전자는 기도가 추구하는 본질과 그로 인한 기쁨을 잘 안내해 줍니다. 현대판 '기도 이론서'입니다. 후자는 영혼 깊은 곳에서 끄집어 낸 것 같이, 가슴을 울리는 과거 목회자들의 짤막한 '기도문'들로 구성됐습니다. 전자의 유형은 그 이론에 따른 기도의 실제적 내용이 어떻게 되는지에 대한 갈증을 일으킵니다. 그리고 후자의 유형은 오래 되었다는 것이 나름의 의미가 있지만 현대를 사는 우리에게 조금은 거리감이 느껴질 수 있습니다. 저는 위 책들의 유형이 갖는 장점에 더해 이 책을 옆에 같이 두는 것도 나쁘지 않다고 생각합니다. 누군가에게는 이 책이 충분히 현대적이고 간결하면서도 그 내용에 있어서는 결코 가볍지 않은 책이 되길 바랍니다.

이 책이 누군가에게 도움이 된다면 주님께 그 모든 영광을 올려드립니다. 그리고 책 출판을 위해 수고해 주신 분들께 감사를 드리며, 특별히 재민이 부모님께 감사를 전합니다. 제 기도문 시리즈 세 번째로 나올 책(소아 뇌종양 재민이를 위한 기도[가제])을 집필할 수 있도록 해주셨기 때문입니다. 재민이는 제 담당 부서 학생이었고 3년 전 소아 뇌종양으로 67일 간의 짧은 투병 기간을 마치고 세상을 떠난 아이입니다. 그때 저는 재민이를 위해 60일 간 기록하는 기도문을 이어갔는데 이것이 본 기도문 시리즈의 출발이 되었습니다. 시리즈 상으로는 나중이 되었지만 재민이를 위한 기도에 이어 나머지 기도문도 쓸 수 있었습니다. 재민이를 위한 기도문 작성이 저의 본격적인 기도 필사 습관이 되었습니다. 그리고 재민이 부모님은 기꺼이 그리고 흔쾌히 재민이 기도문의 출판도 격려해 주셨습니다.

주님께서 기도문을 공유하는 저에게 긍휼을 베풀어 주시길 원합니다. 동시에 부족한 이의 기도문을 필사하는 분들의 심령에 기도의 불씨가 타오르는 역사가 있기를 원합니다. 이 책을 사용하면서 저자와 같은 마음으로 기도할 모든 그리스도인들에게 주님께서 풍성한 은혜와 거룩한 평안이 넘치게 해 주시기를 간절히 소망합니다.

# Prologue
### 책 사용법

사람은 습관을 만드는 데 66일이 걸립니다. 4일을 더하면 70일(10주)입니다. 앞서 1권을 마치셨다면 2권을 통해 더욱 견고한 기도의 삶을 세우시길 바랍니다. 2권에서는 '하나님의 성품'을 조금 더 닮아가고 싶은 그리스도인의 기도에 초점을 둡니다. 우리의 기도는 주기도문 도입부가 그러하듯이 궁극적으로 '나 자신'보다 '하나님'께 초점을 두는 것이기 때문입니다. 2권의 시작은 주님의 지혜롭고 위로하시는 성품에 관심을 기울입니다. 바로 '지혜' 및 '위로와 회복'입니다. '지혜' 및 '위로와 회복'이 챕터의 시작입니다. 사실 1권과 같이 2권에서도 책의 시작은 우리의 평소 기도와도 연결됩니다. 우리는 일상 속에서 어떤 결정이 좋은 결정인지 순간순간 주님의 지혜를 구합니다. 또 우리의 일 도중에 만난 어려움을 놓고 주님의 위로와 회복을 구하며 나아갑니다. 이로써 지혜자이시며 위로자이신 주님의 성품을 더 배우고 닮아가는 필사 시간이 되길 바랐습니다.

    우리의 소망이 되시는 주님을 떠올립니다. 주님을 우리의 삶에서 '소망'함으로 나아가야 합니다. 소망은 극심한 어려움 중에 주님을 생각하며 우리가 붙잡아야 할 성품입니다. 따라서 우리는 기쁠 때나 슬플 때나 주님을 항상 소망해야 합니다. 즉, 기도문에는 어려운 때와 일상의 때 모두를 소망을 품는 때로 삼았습니다. 그래서 우리를 죄에서 구하시고 날마다 소망을 허락하시는 주님을 마음에 새기도록 했습니다.

    마지막으로 생각해 볼 것은 '확신' 및 '평안과 기쁨'입니다. 우리의 기도는 결국, 주님의 신실하심으로 인해 확신과 평안 가운데 기쁨으로 마치기 때문입니다. 주님의 성품을 바라보고 닮기 원하는 사람은 기쁨 가운데 잠잠해집니다. 고요함 가운데 하나님의 일하심을 기쁘게 기대합니다. 저자 역시 우리 기도의 모든 마침이 주님을 신뢰하는 데 이와 같이 이루어지길 기대했습니다.

    전반적으로 1권보다 더 깊은 묵상을 필요로 하는 내용이 담겼습니다. 다시 보아도 쉽게 하기 어려운 고백도 많습니다. 그러하기에 1권을 마치신 분들이 2권에서 좀 더 깊은 기도의 문을 여실 수 있다고 생각합니다. 실제로 제가 1권 기도문을 모두 마친 뒤 2권을 쓰기도 했습니다. "70일 기도문 필사 노트"를 진행하는 모든 분들이 우리의 죄와 연약함 가운데도 주님과 주님의 신실하심을 더 강하게 붙잡게 되시기를 간절히 기도합니다. 또 주님 안에 있는 참된 평화와 안식을 기도를 통해 마음껏 만끽하는 여러분 되시길 소망합니다.

# 01
## 지혜

하나님의 성품을 닮아가는
그리스도인

**필사를 위한 묵상**

# 주님은 좋은 마음과
# 새로운 마음도 주십니다.

―――――――――――――――

연애를 할 때 여자친구(지금의 아내)의 장점이 많이 보였습니다. 그녀는 누구보다 솔직하고 털털했습니다. 저는 그녀를 사랑하기에 무슨 일이든 할 수 있었습니다. 그녀를 만나기 위해 대중교통을 네 번이나 갈아타며 서너 시간도 넘는 왕복 시간을 뚫고 다녔습니다.

그런데 결혼 직후에는 그녀의 장점들이 순간순간 좋지 않아 보였습니다. 진솔한 모습이 도리어 직설적이어 보이고, 털털함은 오히려 제 말을 소홀히 여기는 것 같았습니다. 위기의식을 느낀 걸까요? 연애 때 혼자 적어 놨던 그녀의 좋았던 점을 꺼내 봤습니다. 그때 주님의 마음이 갑자기 부어졌습니다. 적어둔 내용을 보면서 이런 걸 깨달았기 때문입니다. '지금 나를 힘들게 하는 것이 그때는 하나도 힘들지 않았고, 오히려 내가 좋아하는 모습들이었구나!'

사랑의 열정이 식은 저의 모습을 돌아보면서 주님께 기도했습니다. 그리고 제 마음의 새로워짐을 위해 주님께 도와 달라고 기도했습니다. 그리고 저는 머지않아 주님께서 제게 좋은 마음과 새로운 마음을 부어 주셨음을 알 수 있었습니다. 신기하게도 단점으로 느꼈던 것들이 다시 장점으로 보였습니다. 그러고 보니 아내는 누구보다 사랑이 많고 따뜻했습니다. 언제나 저를 믿어 주고 솔직하게 자신을 표현했습니다. 이로써 제 마음의 연약함을 더욱 실감했습니다.

부부로 살다보니 마음이 일치하지 않는 때도 있고, 상대방이 나빠 보이는 때도 있음을 알게 되었습니다. 주위 상황이나 자신의 감정 상태에 따라 더 그러기도 했습니다. 이로써 사람이 얼마나 약한지를 생각해 보게 되었습니다. 저 자신의 눈과 귀는 또 얼마나 믿을 만하지 못한 것인지 점검해 보았습니다. 이것이 제가 주님께 날마다 좋은 마음 주시기를 구해야 하는 이유입니다. 주님의 마음이 있을 때에야 서로에게서 느끼는 마음의 어려움도 극복해 나갈 수 있기 때문입니다.

주님의 마음으로 보니 얼마나 달라 보이던지요. 그리고 어떻게 변화되던지요. 보지 못하는 것이 있다면 주님께서 지금도 긍휼을 베풀어 주시길 기도합니다. 그리고 주님의 사랑과 기대를 깨닫고 알아감으로, 날마다 새로워지는 제가 되길 소망합니다.

# 001

월    일

## 예배의 주인은 주님이십니다.

예배를 받으시는 삼위일체 하나님.
주님을 찬양합니다. 주님만을 높여 드립니다.
주님 외에 다른 것은 바라보지 않기로 다짐합니다.
마음으로 만든 다른 신을 섬기지 않기로 결정합니다.
우리의 참 하나님만을 성실하게 따르기로 확정합니다.

주님 아는 지혜를 부어 주시길 원합니다.
찬양 받기 합당하신 주님만을 섬기기 원합니다.
저의 약함보다도 주님의 일하심에 더욱 집중하기 원합니다.
예배 시간의 주인은 오직 주님이시기 때문입니다.

예배하는 이 시간에 주님께 영광 돌림이 저의 가장 큰 기쁨입니다.
저의 연약함과 부족함을 위로 받는 것보다,
주님의 크심을 묵상하는 것이 제게 더 값집니다.
주님을 오늘이라는 제 삶에 예배의 주인으로 모십니다.

주님은 제 삶의 주인이시고 제 예배의 주인이십니다.
예수님의 이름으로 기도합니다. 아멘.

**찬양** 하늘의 문을 여소서 / 하늘에 가득 찬 영광의 하나님

**성경** 이스라엘아 들으라 우리 하나님 여호와는 오직 유일한 여호와이시니_신 6:4

**묵상** 아브라함과 이삭과 야곱의 하나님, 우리를 위해 죽으신 그리스도 예수님, 우리에게 믿음을 주시고 날마다 우리 삶을 인도하시는 성령님. 오직 이 삼위일체 하나님을 믿는 것만이 우리의 참된 지혜입니다.

## 002

월    일

지혜와 사랑으로 다스리시는 주님!
도와주세요°

지혜의 하나님. 주님의 지혜를 주세요.
부딪히는 모든 상황에서 주님 생각에 귀 기울이길 원합니다.
주님 주신 생각을 이웃과도 지혜롭게 나눌 수 있길 원합니다.

사랑의 예수님. 이웃 사랑하는 마음을 주세요.
그들을 칭찬할 수 있는 마음은 주님께서 주십니다.
문제 앞에서 따뜻하게 권면할 언변도 주님께서 주십니다.

다스리시는 성령님. 이웃과 만나고 대화하는 모든 상황을 주관해 주세요.
주님을 기쁘시게 하는 지혜가 부족합니다. 또 마음이 연약합니다.
날마다 견고하게 해 주세요.
날마다 주님의 사랑을 심는 자로 살게 해 주세요.

날마다 주님의 도움을 힘입어 살길 원합니다.
주님의 은혜를 충만히 부어 주세요.
저와 늘 동행해 주세요.
예수님의 이름으로 기도합니다. 아멘.

**찬양** 완전하신 나의 주 / 나는 갈 길 모르니

**성경** 주는 나의 하나님이시니 나를 가르쳐 주의 뜻을 행하게 하소서 주의 영은 선하시니 나를 공평한 땅에 인도하소서_시 143:10

**묵상** 우리가 가진 것, 우리가 바라는 것으로 기도할 때는 기도의 능력을 거의 경험하지 못합니다. 그러나 주님께 초점을 맞춰 기도할 때는 기도의 능력을 경험합니다. 현실을 다르게 보고 다르게 살아낼 힘을 얻습니다. 세상의 주권자와 그의 뜻을 구하며 나아가는 기도는 우리의 소신과 양심의 힘도 회복시켜 줍니다.

## 003

월   일

### 부르신 자리에서 주님 뜻으로 살겠습니다°

주님. 주님은 오늘 저를 이 자리로 부르셨습니다.
주님께서 저를 이 자리로 부르신 이유가 무엇인가요?
주님은 제가 이곳에서 무엇을 하기 원하시나요?

주님은 이 세상을 만드셨고 저 또한 만드셨습니다.
주님께서 부르신 자리에서 제가 무엇을 해야 할지 물을 수 있는 분은 주님뿐이십니다.

주님의 높으신 이름을 찬양합니다.
주님은 하늘과 온 땅의 경배와 찬양을 받기에 합당하십니다.

주님의 이름의 높으심과 위엄을 온 세상이 다 알 것입니다.
주님의 크심을 사모하고 경외합니다.
오늘, 주님께서 뜻하신 자리에서 주님을 경배하는 삶으로 나아가게 해 주세요.
우리를 각자의 주어진 자리로 부르시는 예수님의 이름으로 기도합니다. 아멘.

**찬양** 부르신 곳에서 / 나 맡은 본분은

**성경** 이러므로 우리도 항상 너희를 위하여 기도함은 우리 하나님이 너희를 그 부르심에 합당한 자로 여기시고 모든 선을 기뻐함과 믿음의 역사를 능력으로 이루게 하시고_살후 1:11

**묵상** 맡은 본분을 다하다 보면 보람을 느끼곤 합니다. 그러나 거기에서 주님을 찾고 있지 않으면 어느 순간 허무해집니다. 맡기신 역할을 감당할 때 주님을 기억하면 비로소 그 일이 우리가 감당할 소명임을 알게 됩니다.

## 004     월    일

## 주님의 지혜를 따릅니다.

지혜의 길로 인도하시는 주님.
주님의 지혜를 배우기 원합니다.
세상 그 어떤 것보다 주님의 지혜를 더 사랑합니다.

주님은 모든 지혜의 근원이십니다.
주님을 얻는 자에게 지혜가 있습니다.
주님의 지혜와 능력을 믿습니다.

돈과 명예보다 주님을 얻기 원합니다.
많은 것을 가지고 누리기보다 주님을 갖기 원합니다.

오, 주님. 저의 가장 큰 자랑은 주님의 말씀입니다.
말씀을 받아 그 말씀으로 살아감이 능력입니다.

날마다 말씀의 지도로 주님의 뜻을 따르는 삶을 살도록 인도해 주세요.
예수님의 이름으로 기도합니다. 아멘.

**찬양** 세상을 사는 지혜 / 주 예수 귀한 말씀은

**성경** 우리 주 예수 그리스도의 하나님, 영광의 아버지께서 지혜와 계시의 영을 너희에게 주사 하나님을 알게 하시고_엡 1:17

**묵상** * 오늘은 조금 긴 묵상입니다 : "덧없는 우리 삶에 주님을 아는 지혜가 있길 원합니다." 할아버지 병문안을 다녀왔습니다. 언제나 듬직한 소나무 같던 신사적인 젠틀함은 할아버지에게서 더이상 찾아볼 수 없었습니다. 앙상한 겨울나무 같은 가냘픔과 아련함만 남아 있었습니다. 지금이 아침인지 저녁인지 열두 번도 더 물으시니, 비상했던 옛 모습은 그림자 저편 뒤에서만 회상됩니다. 세월은 바람과 같아 잡을 수 없고 안개와 같이 있다가도 없다고 했던가요? 인생이 강건하면 팔십이라 했던가요? 할아버지는 일찍이 교회에서 상처를 받고 신앙생활을 하지 않으셨습니다. 그리고 성직의 길을 걷는 제게 이런 말씀을 하신 적이 있습니다. '만인의 축복 가운데 태어난 인생에 있어 그 마지막은 어째서 저주스러운 비통뿐이어야 하느냐. 네가 그 해답을 마련해 봐라.' 남겨진 씁쓸함을 뒤로 하고, 젊음은 좋은 것이나 늙음도 꼭 나쁜 것만은 아니라고 말씀드려 봅니다. 그리고 아픔과 상처 가득한 빛바랜 손등을 쓸어내린 뒤 그 손 꼭 쥔 채 기도해드릴 뿐입니다.

## 005

### 제 마음을 지켜 주세요°

주님. 제가 교만함이나 우월감에 빠지지 않도록 도와주세요.
다른 사람을 보면서, 제가 지적으로나 인격적으로
더 낫다는 비교를 하지 않게 해 주세요.
주님. 제가 무력감이나 자기 비하에도 빠지지 않도록 도와주세요.
다른 사람을 보면서, 제가 지적으로나 인격적으로
모자라다는 비교를 하지 않게 해 주세요.
저와 다른 사람을 바라보면서 비교하며 살지 않기 원합니다.
주님께 마음을 두는 삶 살기를 원합니다.
제가 바라봐야 할 분은 주님 한 분뿐이십니다.
주님을 바라보고 저를 바라보니 제 마음이 안정을 찾습니다.
주님 앞에 어떤 자세로 살아가면 좋을지를 깨닫습니다.
주님 앞에 겸손한 자세로 살아가길 원합니다.
주님 앞에 낮은 자의 마음을 갖고 살길 원합니다.
주님께서 주신 소신으로 살아가길 원합니다.
주님은 저를 하나님의 자녀로 삼으시고 자유를 주셨습니다.
주님만이 인생의 주인이십니다. 주님께만 기대어 살 수 있습니다.
주님으로 인해 숨을 쉬고 누군가와 대화를 합니다.
마음의 주인으로 주님을 받아들입니다.
예수님의 이름으로 기도합니다. 아멘.

**찬양** 나 무엇과도 / 내 주여 뜻대로

**성경** 여호와께서 이와 같이 말씀하시되 지혜로운 자는 그의 지혜를 자랑하지 말라 용사는 그의 용맹을 자랑하지 말라 부자는 그의 부함을 자랑하지 말라 자랑하는 자는 이것으로 자랑할지니 곧 명철하여 나를 아는 것과 나 여호와는 사랑과 정의와 공의를 땅에 행하는 자인 줄 깨닫는 것이라 나는 이 일을 기뻐하노라 여호와의 말씀이니라_렘 9:23-24

**묵상** 기댈 구석, 믿을 구석 없는 그 누구에게라도 의지할 곳이 되어 주는 분은 주님뿐이십니다. 오늘도 저같이 작고 연약한 사람이 과연 무엇을 할 수 있을까 싶어 주님 앞에 나아갑니다. 주님께서 기도를 들으시기에 저는 오늘도 기도로 하루를 살아낼 수 있습니다.

## 006

## 주님의 마음으로 행하는 것이 제일입니다.

주님. 많은 물질과 많은 시간은 제가 바라는 것이 아닙니다.
저는 무언가를 많이 가져도, 어디에 사용할지 모르는 사람이길 원치 않습니다.
무엇이 많건 적건 먼저 주님의 마음을 알고 사용하기를 원합니다.
무엇이 많건 적건 주님의 뜻대로 관리하며 다스리는 지혜가 있길 원합니다.

주님. 제가 무엇을 바라보며 살아가야 합니까?
주님께로부터 받은 선물들을 잘 관리할 지혜가 필요합니다.
있는 것에 맞춰서 끌려 다니는 인생이 되지 않게 해 주세요.
가장 큰 목적과 소망을 주님께 두며 살게 해 주세요.

있다가도 없는 것에 마음을 쏟으며 살지 않기를 원합니다.
주님의 마음을 알고 행하는 삶으로 인도해 주시길 원합니다.
예수님의 이름으로 기도합니다. 아멘.

**찬양** 주 당신이 나의 전부입니다 / 성령이여 은사를

**성경** 야곱의 하나님을 자기의 도움으로 삼으며 여호와 자기 하나님에게 자기의 소망을 두는 자는 복이 있도다_ 시 146:5

**묵상** 주님께서 만드신 세상에서, 주님께서 주신 돈과 시간을 비롯한 다양한 도구들을 가지고 살아갑니다. 이 도구들은 그 자체로 나쁜 것은 아니지만, 내 마음이 이것들을 나쁘게 활용할 수 있습니다. 그래서 주님께서 세우신 청지기로 세상을 다스리는 것이 우리의 사명임을, 오늘도 마음에 새깁니다.

## 007

### 주님의 일을 시작하겠습니다

오, 주님. 저를 주님의 말씀으로 지도해 주세요.
그때에 제가 그전에 하지 못하던 것들을 해낼 것입니다.
말씀의 인도를 따라 살 때, 주님은 주님의 일을 이루실 것입니다.

오, 주님. 제가 욕심에 사로잡히지 않게 해 주세요.
그때에 제가 어떠한 유혹에도 넘어지지 않을 것입니다.
주님께서 기뻐하시는 자리에 있을 때, 주님은 제게 기쁨과 만족도 주십니다.

인생의 주인은 주님이십니다.
세상의 주인도 주님이십니다.
주님께 제 모든 것을 맡겨드립니다.

주님의 이끄심을 구합니다.
주님의 지혜와 용기를 구합니다.
예수님의 이름으로 기도합니다. 아멘.

**찬양** 주님의 성령 / 나는 예수 따라가는

**성경** 욕심이 많은 자는 다툼을 일으키나 여호와를 의지하는 자는 풍족하게 되느니라_잠 28:25

**묵상** 나의 바람만을 가지고 어떤 일에 임할 때, 금세 지치고 아쉬움에 빠집니다. 그러나 삶의 목적을 주님께 두면 조금은 더 침착해지고 환경에 흔들리지 않는 기쁨도 생깁니다. 이제는 주님 주신 마음과 힘으로 모든 일에 임하는 우리가 되면 좋겠습니다.

## 008

월    일

제 모든 결정은 주님의 인도하심에 있습니다.

주님. 오늘은 중요한 결정을 해야 합니다.
주님께서 제 모든 결정에 지혜를 더해 주세요.
주님의 일하심을 기대하는 데 있게 해 주세요.
주님의 선하신 계획을 기대합니다. 주님의 크신 목적을 궁금해 합니다.
주님. 주님은 다스리시는 분입니다.
그리고 그 다스림의 일부를 때로는 제게 맡기시는 분입니다.
제 마음을 주님께서 주장해 주세요. 제 결정을 주님께서 주도해 주세요.
주님께서 제 마음과 생각을 이끌어 주세요.
돈이나 시간의 많고 적음에 제가 끌려 다니지 않길 원합니다.
그것들은 주님께서 주신 수단에 불과하기 때문입니다.
무언가가 없을 때와 쫓기는 때에도 수단과 목적을 구별하길 원합니다.
제가 제 결정에 끌려 다니지 않길 원합니다.
주님의 마음을 아는 청지기로 살기 원합니다.
제 결정을 다스리는 자로 제가 살기 원합니다.
마음의 품고 있는 생각이 주님 보시기에 기쁨이길 원합니다.
제 모든 결정은 주님의 계획과 목적 안에 있습니다.
제 삶의 목적은 주님 앞에만 있습니다.
예수님의 이름으로 기도합니다. 아멘.

**찬양** 주님 뜻대로 살기로 했네 / 내 주여 뜻대로

**성경** 하나님이 이르시되 내가 반드시 너와 함께 있으리라 네가 그 백성을 애굽에서 인도하여 낸 후에 너희가 이 산에서 하나님을 섬기리니 이것이 내가 너를 보낸 증거니라_출 3:12

**묵상** 주님을 가장 소중하게 여기면 내 삶에 대한 염려가 줄어듭니다. 이런 일 저런 일을 아쉬워하고 미리 걱정하는 습관도 줄어듭니다. 내 삶에 가장 중요한 것은 바로 주님이십니다. 주님을 마음에 모시고 그 뜻대로 사는 삶이 나를 더욱 나답게 합니다.

## 온 마음을 드릴 분

주님. 제가 주님을 위해 어떤 일을 하고 있다고 생각할 때에도
그 일에만 제 마음이 멈춰 있지 않길 원합니다.
그 일의 목적이 되시는 주님께 제 온 마음을 드리길 원합니다.

주님께서 저를 어떻게 이 자리에 부르셨는지 늘 깨닫는 감격이 있길 원합니다.
이후에 있을 모든 일의 결과와 영광도 온전히 주님께 돌려 드리길 원합니다.

주님의 이끄심과 일하심을 볼 수 있는 눈이 열리게 해 주세요.
아무런 힘과 능이 없음을 깨달을 때라도 주님의 높으심을 알게 해 주세요.

살아가면서 할 수 있는 일은 주님의 말씀을 따르는 것뿐입니다.
그래서 말씀이 지시하는 곳으로 나아가 주님의 능력을 의지하는 것뿐입니다.

주님만이 제가 온 마음을 드려야 할 분이십니다.
예수님의 이름으로 기도합니다. 아멘.

**찬양** 모든 영광과 존귀와 능력 / 큰 영광 중에 계신 주

**성경** 여호와여 위대하심과 권능과 영광과 승리와 위엄이 다 주께 속하였사오니 천지에 있는 것이 다 주의 것이로소이다 여호와여 주권도 주께 속하였사오니 주는 높으사 만물의 머리이심이니이다_대상 29:11

**묵상** 주님은 나로 밋밋함 속에서 기쁨을, 평범함 속에서 값짐을 발견하게 하셨습니다. 내가 서 있는 모든 자리가 주님께 드려진 것임을 깨닫고 난 뒤에 일어난 일입니다.

## 010

월    일

상처 주던 자에서 사랑을
흘려보내는 자로 삼으실 주님

섬세하신 주님.
쉽게 마음의 상처를 받으면서, 쉽게 마음의 상처를 주는 제 연약함을 아시지요?
저의 마음 관리는 생각과 마음의 바람처럼 잘되지가 않습니다. 말과 행동도 그렇습니다.

제가 상처 준 이에게 주님의 위로가 있길 원합니다.
주님께서 그 마음에 위로와 기쁨과 평안을 허락하시길 원합니다.
날마다 저를 새롭게 하셔서 더 많이 사랑하며 살기를 원합니다.

주님께서 날마다 주님의 마음을 부어 주시길 원합니다.
주님의 생각으로 살기를 원합니다.

언제나 가장 목마른 것은 주님의 사랑입니다.
주님의 도우심을 필요로 합니다.

주님을 아는 기쁨을 항상 누릴 수 있도록 해 주세요.
주님의 사랑을 아는 자로 살고 그 사랑을 흘려보내게 해 주세요.
예수님의 이름으로 기도합니다. 아멘.

**찬양** 상처 입은 치유자 / 내가 늘 의지하는 예수

**성경** 세 번째 이르시되 요한의 아들 시몬아 네가 나를 사랑하느냐 하시니 주께서 세 번째 네가 나를 사랑하느냐 하시므로 베드로가 근심하여 이르되 주님 모든 것을 아시오매 내가 주님을 사랑하는 줄을 주님께서 아시나이다 예수께서 이르시되 내 양을 먹이라_요 21:17

**묵상** 집착이 되기 쉬운 사랑이 있습니다. 열정적이지만 금방 식는 사랑도 있습니다. 이런 것에는 감정의 불꽃이 잦아들면 단답(짧은 답변)과 익숙함, 그리고 무관심만 남습니다. 주님의 한결같은 사랑을 품고, 그 사랑을 닮아가는 삶을 살기 원합니다.

## 011

월    일

### 하나님의 크신 뜻을 하루하루 배워 갑니다.

주님. 제가 나아갈 길을 밝히 보여 주세요.
당장 눈에 보이지 않는다고 해서, 가야 할 걸음을 멈추지 않게 해 주세요.
주님의 인도하심이 있는 곳을 따라 걷도록 제 발걸음을 주장해 주세요.
주님의 일하심을 숨 쉬듯 순간순간 경험하게 해 주세요.
제 인생의 주인은 주님뿐이십니다.
제가 따라갈 분은 주님뿐이십니다.
생각지도 못한 방식으로 일하실 수 있는 분이 주님이십니다.
저의 계획을 넘어서는 분이 주님이십니다.
주님은 모든 것을 다스리시고 이끄시는 분이십니다.
주님의 섬세하신 계획을 배우기 원합니다.
주님의 통치하심을 깨닫기 원합니다.
다 이해하지 못하여도 주님께서 믿음과 지혜를 주십니다.
주님은 최고의 지혜자이시며, 그 지혜를 조금씩 맛보게 하십니다.
제게 맡겨진 소명과 책임을 충실히 감당하겠습니다.
역사를 이끌어 가시는 주님을 보는 눈을 열어 주세요.
주님의 높으심과 크심을 깨닫는 지혜와 은혜를 허락해 주세요.
모든 것을 주님께서 허락하시고 이끌어 가십니다.
주님을 찬양합니다.
예수님의 이름으로 기도합니다. 아멘.

| 찬양 | 날마다 숨 쉬는 순간마다 / 천지 주관하는 주님

| 성경 | 해로 낮을 주관하게 하신 이에게 감사하라 그 인자하심이 영원함이로다 달과 별들로 밤을 주관하게 하신 이에게 감사하라 그 인자하심이 영원함이로다_시 136:8-9

| 묵상 | 내가 원하는 바가 다 이루어졌다고 해서 내 기도가 특별한 능력이 있는 것은 아닙니다. 기도의 강력한 능력 중 하나는 이것으로 우리가 사람과 세상을 사랑할 수 있고, 또 세상 질서를 부여하신 분의 뜻을 따라 살 지혜와 용기가 허락되는 것에 있습니다.

## 012

월    일

### 마음을 만지시는 주님

주님. 사랑하는 사람의 마음 하나도 제대로 몰라주는 것이 저입니다.
사랑하는 사람도 이해가 될 것 같으면 저 멀리에 가 있고
조금 알겠다 싶으면 헤아리지 못하는 자리에 가 있습니다.

주님의 마음을 부어 주시길 원합니다.
저의 사랑하는 마음을 그 사람에게 전달해 주시길 원합니다.
저에게 지혜와 인내와 사랑과 오래 참음을 허락해 주시길 원합니다.

주님은 마음을 만지시는 분이십니다.
주님의 도움이 없이는 이룰 수 있는 것이 없습니다.
능력이 적고 배움이 얕은 저임을 주님께서 아십니다.

제가 할 수 있는 일을 다 하지만,
모든 일의 결과는 주님께 있습니다.

사람의 마음을 만지고 회복시키시는 분도 주님이십니다.
예수님의 이름으로 기도합니다. 아멘.

**찬양** 내 마음에 주를 향한 사랑이 / 예부터 도움 되시고

**성경** 그는 그들 모두의 마음을 지으시며 그들이 하는 일을 굽어살피시는 이로다_시 33:15

**묵상** 주님은 우리에게 사랑과 안식과 친절과 인내와 평강과 기쁨과 존귀와 감사를 주십니다. 주님의 것으로 내 마음을 가득 채우면 주님께서 주신 생명을 가진 자답게 생활할 수 있습니다.

## 013

### 비교가 아닌 주님의 가치로 살기 원합니다°

주님. 이 시대 젊은이들을 위해서 기도합니다.
이들이 자기 존재를 세상에 입증하도록 강요받고 있으니 이를 어찌합니까?
이들은 열등 의식과 우월 의식을 심어 주는 말과 행동을 듣고 보고 자랐습니다.
끊임없이 상대와 자신을 비교하면서, 안심하기도 하고 수치심에 사로잡히기도 합니다.
주님께서 이들을 긍휼히 여겨주시길 바랍니다.

그리고 이런 시대에 이미 영향을 받으며 살아가는
우리 교회들과 저 자신 또한 주님의 도움을 구합니다.
주님은 저를 주님의 형상으로 지으셨고, 그 자체로 충분히 값지게 여기십니다.

주님은 겉 사람이 아닌 속사람에 집중하십니다.
우리 마음의 중심을 보십니다.

우리가 주님의 가치를 중심으로 살도록 인도해 주세요.
비교하며 살지 않고, 주님을 바라보며 살게 해 주세요.
예수님의 이름으로 기도합니다. 아멘.

**찬양** 주 손길이 / 주 예수 내 맘에 들어와

**성경** 여호와께서 사무엘에게 이르시되 그의 용모와 키를 보지 말라 내가 이미 그를 버렸노라 내가 보는 것은 사람과 같지 아니하니 사람은 외모를 보거니와 나 여호와는 중심을 보느니라 하시더라_삼상 16:7

**묵상** 인정받는 것으로 나의 가치를 확인할 때가 있습니다. 권력을 행사하고 과시 행위를 해서 그리 할 때도 있습니다. 나는 과연 어떤 경로로 나 자신의 가치를 찾고 있는지 생각해 볼 일입니다. 나는 오늘 무엇을 통해 기쁨과 만족을 얻고 있을까요?

## 014

### 진정한 양육자 하나님

주님. 말씀하시고 가르쳐 주세요.
주님께서 가르쳐 주기 원하시는 바를 알게 해 주세요.

주님은 지금의 상황을 왜 허락하셨나요?
주님은 지금 무엇을 배우고, 무엇을 말하며, 또 무엇 하기를 원하시나요?

주님만이 저를 제대로 키워 주실 수 있습니다.
제가 가장 배우고 알고 싶은 분은 바로 주님이십니다.

주님의 마음이 어떤지를 늘 살피는 제가 되기를 원합니다.
주님께서 기뻐하시는 자리에 있는 제가 되기를 원합니다.

약한 저에게 주님의 자리를 기뻐하고, 주님의 자리를 사모하는 마음을 허락해 주세요.
예수님의 이름으로 기도합니다. 아멘.

**찬양** 온 땅의 주인이신 주님이 / 예수 더 알기 원하네

**성경** 내가 참으로 주의 목전에 은총을 입었사오면 원하건대 주의 길을 내게 보이사 내게 주를 알리시고 나로 주의 목전에 은총을 입게 하시며 이 족속을 주의 백성으로 여기소서_출 33:13

**묵상** 대학생 때 교통사고를 당한 경험이 있습니다. 다리를 다쳐 휠체어로 등하교를 했습니다. 내 뜻대로 아무것도 할 수 없었고 원하는 곳도 자유롭게 가지 못했습니다. 그때 저는 주님께 하나씩 묻고 움직이는 것을 연습할 수 있었습니다. 뜻대로 되지 않는 때에 도리어 주님의 뜻에 집중할 수 있었습니다.

## 하나님께 올려드리는 나의 기도

# 02
# 위로와 회복

하나님의 성품을 닮아가는
그리스도인

필사를 위한 묵상

## "내가 주님을 느끼고 닮아갈 방식"

우리 엄마를 생각할 때면 다음과 같은 말들이 떠오릅니다. '그렇구나', '그랬겠네', '고생했어', '네가 잘 했을 거야', '이렇게 해 줄래?', '이렇게 해 보는 건 어때?', '괜찮겠어?' 남의 말에는 공감하고 자기의 말은 제안하는 방식입니다. 엄마와 말하는 것이 저는 어릴 적부터 좋았습니다. 제 생각을 누군가에게 말하는 것도 즐기게 됐습니다. 엄마에게는 대화하고 싶게 하고, 뭔가를 말하고 싶게 만드는 매력이 있었습니다. 또 제 마음을 보듬어 주고 좋은 생각도 많이 끌어내 주셨습니다. 무엇보다, 엄마의 말은 시키거나 명령하는 말투가 아니었기 때문에 그것이 잔소리로 들리지 않았습니다. 아무리 어린 사람과 대화를 하더라도 '수평적 말하기 방식'을 구사하는 것은 엄마의 장점이었습니다. 물론 지금도 그렇습니다. 결혼한 뒤 엄마와 만남의 횟수는 많이 줄었지만, 엄마는 지금까지도 가장 친한 친구 이상으로 편하니까요.

세월이 흐르고 세상을 조금씩 경험하면서 모두가 엄마처럼 말하지 않는다는 사실을 알게 되었습니다. 세상은 성과를 가지고 이야기하며, 사람을 냉정하게 버리기도 했습니다. 마음 쉴 곳은 각자 알아서 찾아야 하기 십상이고, 상대의 실수를 용납하지 못하는 사람도 많이 있었습니다. 계급과 명령에 따라 수직적으로 움직이는 곳도 많았습니다. 게다가, 제가 생각하는 말하기 방식을 갖지 않은 분들을 볼 때면, 그들을 이해하지 못하고 오래도록 힘들어 하기도 했습니다. 그런데 그 어떤 것보다 더 힘든 것은 저 역시도 제가 싫어하는 모습으로 살고 있음을 아는 일입니다. 제가 얼마나 부족한 사람인지 날마다 알아갔습니다. 점점 제 말이 옳다고 믿는 것이 많아져 갑니다. 다른 사람을 이해하거나 보듬어 주는 경우도 줄어듭니다. 어리거나 미숙해 보이면 답답해 합니다. 왜 이것밖에 안 되느냐는 식으로 말하기도 합니다. 제가 그토록 싫어하던 강압적이고 명령적인 말투를 하며, 고의적이지 않은 실수조차 용서치 못하는 사람이 바로 저였습니다. 마음이 불편해지면, 편하게 인사 한

번 건네는 것도 할 줄 몰랐고, 긍휼과 자비가 모자라 '찔려도 피 한 방울 안 나올 것 같은' 행동도 했습니다. 세상에서 살아남기 위해 유일하게 할 수 있는 일이 적응뿐이라 그랬을까요? 이리저리 정신없이 흔들리다 보니 남의 탓만 하고 저 자신은 보지 못하게 된 것일까요? 주님 사랑과 긍휼을 떠올릴 때면 '그랬구나', '수고했다', '이 방법은 어떨까?', '괜찮겠어?'와 같은 마음을 많이 느낍니다. 그 사랑의 방법은 이미 저의 어릴 적 집과 유치원에서부터 익숙한 방식이었습니다. 그 어릴 적 교훈이 이제서야 깨달아지나 봅니다. 그동안 제가 다른 사람들을 어떻게 대해 왔는지 점검해 봅니다. 그리고 주님의 마음으로 타인을 대하지 못했음을 고백하며 회개합니다.

제가 따라야 할 가장 좋은 모범이신 주님께서 계시고, 그분을 알아갈 수 있어 다행이고 감사입니다. 주님은 죄를 미워하는 공의로운 분이시지만, 사랑과 은혜가 풍성한 분이십니다. 그 사랑은, 그렇게 죄를 미워하시는 데도 그 미워하는 죄인을 위해 자기 아들을 죽이기까지 하시는 사랑이십니다. 부족한 자에게 먼저 보이시고 베푸신 사랑에 크게 감격하였습니다. 주님은 항상 저의 가장 큰 위로와 소망과 회복이 되어 주셨습니다. 그래서, 너무 늦었지만 지금이라도 저 역시 주님의 그 사랑을 닮아가길 원한다고 고백합니다. 주님을 닮아 이웃에게도 넓고 따뜻한 사랑을 베풀 수 있는 제가 되길 바랍니다.

물론, 사람마다 나고 자란 방식이 다릅니다. 주님을 닮아가는 방법도 그렇습니다. 저는 어릴 적부터 보고 듣게 하신 좋은 것을 이제야 조금 마음에 새겼습니다. 다른 분은 또 다른 방식으로 주님을 닮아갈 수 있습니다. 우리는 각자 다양한 방식으로 주님을 닮아갑니다. 하지만 우리 모두 주님 사랑을 누리고, 주님 성품을 몸소 살아내야 하는 것만은 동일합니다. 주님께서 우릴 위해 죽으신 십자가 사건을 생각하며, 우리가 조금 더 사랑받고, 또 사랑해야 함을 떠올릴 수 있길 원합니다. 주님의 사랑을 느낀 경험이 부족한 분들에게는 주님 사랑의 크심과 풍성함이 깨달아지는 은혜가 있길 원합니다. 한 사람 한 사람이 주님의 사랑을 더 많이 느끼고 더 많이 전할 수 있다면 세상이 조금은 더 달라지지 않을까요? 주님을 느끼고 닮아가는 방식을 통해서 주께서 하실 일도 더욱 기대합니다.

## 015

월    일

우리의 찢긴 자리가 신실한 주님
사랑으로 아물기를 원합니다.

신실하신 주님.
신실하신 주님을 닮고 싶습니다.
신실하신 주님을 따라 신실함을 회복하기 원합니다.

저의 순간의 선택과 결정에도 신실하신 주님께서 함께 해 주세요.
모든 깨어지고 모난 관계의 자리도 주님의 신실하심으로 메워 주세요.
저의 부족함으로 상처 난 자리가 있는지 자세히 돌아볼 수 있게 해 주세요.
눈물 흘릴 시간과 공간도 갖게 해 주셔서, 주님 앞에 온전한 마음을 갖게 해 주세요.

마음 속에 찢긴 자리도 주님의 긍휼과 은총으로 보살펴 주세요.
그곳에 난 상처가 잘 아물어지도록 주님께서 치료해 주세요.

주님께서 모든 모임의 주인이 되어 주시고
우리 모임이 주님만을 높이는 모임이 되게 해 주세요.
예수님의 이름으로 기도합니다. 아멘.

**찬양** 나의 기도하는 것보다 / 임하소서 임하소서

**성경** 우슬초로 나를 정결하게 하소서 내가 정하리이다 나의 죄를 씻어 주소서 내가 눈보다 희리이다_시 51:7

**묵상** 때로는 내가 품기 어렵고 아우르기 어려운 상황들을 만납니다. 나의 부족함과 미숙함 때문에 그런 일이 자주 일어납니다. 주님께 나아가 마음을 쏟아냅니다. 주님께서 이 일이 나와 우리 모임에 선한 일로 작용하도록, 이 상황을 주관해 주시길 기대합니다.

## 016

월    일

### 주님의 얼굴을 뵐 때 안식을 얻습니다

사랑과 은혜가 풍성하신 하나님, 참 감사합니다.
주님은 우리 사이에 계시면서 우리의 부족함을 친절하게 가르쳐 주십니다.
또 때로는 우리의 연약함을 달래 주시는 자상한 분이십니다.

주님께서 허락하신 교제들 가운데 주님의 얼굴을 찾습니다.
주님을 기쁘시게 하지 못하는 일들 가운데 있을 때 주님께로 돌이킵니다.

주님은 어떤 상황에서도 저를 붙들어 주십니다.
주님의 도움이 필요할 때 주님은 저를 찾아오십니다.
제 삶의 안식이 되시는 예수님의 이름으로 기도합니다. 아멘.

**찬양** 다시 복음 앞에 / 황무지가 장미꽃같이

**성경** 예수께서 그들을 만나 이르시되 평안하냐 하시거늘 여자들이 나아가 그 발을 붙잡고 경배하니_마 28:9

**묵상** 나의 말과 글 속에 교만함이 묻어날 때가 있습니다. 실제로 교만했기 때문에 나오는 생각의 조각들입니다. 여전한 저의 흉악함을 고백하며 주님 앞에 나아갑니다. 그럴 때 주님은 친절하게 '오름직한 동산'처럼 찾아오십니다. 주님의 겸손하심으로 낮은 자의 마음이 임합니다.

## 017

월    일

### 바라볼 것은 저의 약함이 아닌 주님의 강함입니다°

주님, 주님은 저로 하여금 저의 연약함을 돌아보게 하십니다.
주님께서 저 자신을 돌아보게 하시는 것도 주님의 은혜입니다.

그럼에도 저는 저 자신을 돌아보는 것에만 머물러 있지 않겠습니다.
주님께서 바라시는 곳으로 나아가겠습니다.

저의 약함이 아닌 주님의 강함에 거하기를 원합니다.
주님은 제가 저 자신의 약함에 집중하기보다
주님의 강함에 더욱 집중하길 원하시는 분이시기 때문입니다.

선하신 주님. 사랑하는 사람과 함께 마음 나눌 시간을 허락해 주시니 감사합니다.
우리가 주님의 사랑을 사람들과 나누며 살기를 원합니다.
우리가 주님의 크신 사랑을 널리 전하게 되길 원합니다.

사람들을 바라볼 때 그들에게서 주님의 형상을 보게 해 주세요.
또 주님을 섬기는 마음으로 그들을 섬길 은혜도 베풀어 주세요.
이 일을 우리의 약함이 아닌 주님의 강함으로 감당해 나가기 원합니다.
선하신 예수님의 이름으로 기도합니다. 아멘.

**찬양** 약한 나로 강하게 / 내 주는 강한 성이요

**성경** 그러므로 내가 그리스도를 위하여 약한 것들과 능욕과 궁핍과 박해와 곤고를 기뻐하노니 이는 내가 약한 그 때에 강함이라_고후 12:10

**묵상** 주님을 바라보니 주님께서 능력을 베푸십니다. 주님을 위한 참된 열정을 다할 수 있게 하십니다. 이전에 나 스스로에게 얽매여 있을 때, 나는 모든 일을 혼자 감당하려 했고, 이 일을 해낼 경건의 능력과 삶의 실력은 턱없이 모자랐습니다. 이제 내가 어느 방향으로 가야할지 정답은 선명하게 드러나 있습니다. 내가 아닌 '주'를 따르는 삶입니다!

# 018

월    일

## 고칠 능력이 있으신 주님

하나님 아버지.
어린 아이가 경험하는 질병을 놓고 기도할 때, 마음이 참 무겁습니다.
사랑스러운 어린 아이에게 왜 이런 아픔이 있어야 하는지 이해하기 어렵습니다.

주님의 지혜는 끝이 없습니다.
주님의 시간은 손에 잡히지 않습니다.
주님의 공간을 붙드심도 저의 이해를 넘어섭니다.
세상의 주인이시며 통치자이신 주님께서 이 일에 특별히 역사하시길 원합니다.
주님께서 간섭하여 주시길 원합니다.

주님은 고칠 능력이 없으신 분이 아닙니다.
주님은 세상을 뜻대로 통치하시기에 부족함이 없으십니다.
주님은 크신 뜻과 계획으로 날마다 우리를 인도하십니다.

우리의 기도하는 자리에서
우리가 엎드려 주님의 높으심과 위대하심을 고백합니다.
능력이 있으신 예수님의 이름으로 기도합니다. 아멘.

| 찬양 | 창조의 아버지 / 오랫동안 기다리던

| 성경 | 여호와여 주는 나의 찬송이시오니 나를 고치소서 그리하시면 내가 낫겠나이다 나를 구원하소서 그리하시면 내가 구원을 얻으리이다_렘 17:14

| 묵상 | 기도할 때 주님은 일하십니다. 주님은 신비롭게 주님의 일하심을 나타내십니다. 물론 결과가 내 눈에 항상 좋은 것은 아닙니다. 그럼에도 기도합니다. 주님께서 능력과 자비가 많으신 분이심을 알기 때문입니다. 또 주님께서 역사하시면 어떤 일이든 가능함을 믿기 때문입니다.

## 019

## 겸손히 섬기고 예배하는 자이기 원합니다

주님. 제게 낮은 자의 마음을 창조해 주세요.
겸손한 마음으로 살게 해 주세요.
주님 자리에 서서 사람과 세상을 판단하지 않게 해 주세요.

세상의 주인은 오직 주님뿐이십니다.
주님을 마음의 주로 모시고 살기 원합니다.
주님만을 주인으로 모시어,
주님의 뜻만이 제가 살기 원하고 하기 원하는 바가 되길 원합니다.

주님. 예배자의 마음을 주세요.
어떤 상황에서도 이 마음을 잃지 않도록 도와 주세요.

교회를 섬기는 자리에 있을 때에도 제가 먼저 예배자여야 함을 놓치지 않게 해 주세요.
경건한 습관을 따라 살 때에도 경건의 능력 또한 잃지 않게 해 주세요.

삶의 예배를 받을 분은 오직 주님뿐이십니다.
예수님의 이름으로 기도합니다. 아멘.

**찬양** 오소서 진리의 성령님 / 겸손히 주를 섬길 때

**성경** 여호와여 주는 겸손한 자의 소원을 들으셨사오니 그들의 마음을 준비하시며 귀를 기울여 들으시고_시 10:17

**묵상** 나이를 한 살 한 살 먹어갈수록, 누군가를 가르치고 무엇인가를 알려 주고 있다는 데에 만족감을 가집니다. 그러다 보면 나의 가르침을 가장 먼저 들어야 할 사람이 나 자신이라는 사실을 잊어 버립니다. 더욱 주님의 긍휼이 필요해지는 때입니다. 주님 앞에서, 한순간도 나 스스로 자신할 수 없는 인생임을 고백합니다.

## 020

월    일

### 주님의 크신 사랑에 제가 반응합니다.

저를 죄에서 건지시고, 용서해 주신 예수님.
저는 주님의 위대한 사랑을 종종 잊고 지냅니다.
주님의 놀라운 사랑에 반응하지 않고 살아갑니다.
이런 저의 모습을 긍휼히 여겨 주세요.

주님. 주님의 크신 사랑에 깊은 감사를 드립니다.
주님의 위대하고 높은 사랑을 다시 살핍니다.
주님의 사랑은 너무 커서 마침이나 끝이 없습니다.
마음에 감동과 감사와 감격이 밀려들어 옵니다.
주님의 사랑에 반응하지 않을 수 없습니다.

주님. 때로는 사람이 밉고 누구도 만나고 싶지 않습니다.
그러나 주님께서 저를 사랑하셨기에 제 마음이 움직입니다.
주님의 사랑을 입은 자로 오늘을 살기 원합니다.
주님은 사람을 귀히 여기시고 저도 귀히 여기십니다.
주님의 위로와 사랑에 늘 마음의 안식을 얻습니다.
오늘도 저는 주님과 함께 하는 사랑의 걸음을 내딛습니다.
예수님의 이름으로 기도합니다. 아멘.

**찬양** 날 만드심이라 / 성령의 봄바람 불어오니

**성경** 삭개오가 서서 주께 여짜오되 주여 보시옵소서 내 소유의 절반을 가난한 자들에게 주겠사오며 만일 누구의 것을 속여 빼앗은 일이 있으면 네 갑절이나 갚겠나이다_눅 19:8

**묵상** 예수님의 사랑이 놀랍습니다. 많은 사람이 상대방에게 자기 선행에 대한 대가를 요구합니다. 그리고 자신의 만족이 충족되지 않으면 서운해 합니다. 이로 인해 인간관계가 틀어지기도 합니다. 그런데 예수님께서 우리에게 보이신 것은 대가를 지불할 수 없는 완전한 사랑이었습니다. 주님께서 먼저 찾아오셔서 순수한 사랑을 하셨습니다. 나는 항상 이것에 놀랍고 감사합니다. 그 사랑에 반응하는 삶을 살고 싶습니다.

## 021

나의 아픔도 주관하여
결국 선한 길로 인도하실 주님

다스리시는 주님. 오늘 제 마음이 무거운 것은 주님께서 아픔을 허락하셨기 때문입니다.
이 아픔을 통해 무엇을 연단하시려는지 저는 이해할 수 없습니다.
그저 주님께서 자녀에게 늘 선하시고 신실하시다는 것만을 압니다.

주님께서 허락하신 길을 따라 걷다가 만난 아픔은 결국 저를 강하게 할 것입니다.
이 아픔은 주님께서 허락하지 않으셨다면 벌어지지 않았을 일이기 때문입니다.
그러하기에 이해할 수 없는 와중에도 주님께서 허락하신 일을 받아들입니다.
또 주님의 도우심을 구하며, 이 일을 어떻게 극복할지 묻습니다.

주님은 저를 도우시는 분이시고,
주님을 의지하며 나아갈 때, 어려움을 이겨낼 도움도 주십니다.
주님은 늘 저와 함께 하셨습니다.
과거에 함께 하셨기에 저의 신뢰를 얻으셨고, 이제도 저와 함께 하심을 압니다.

저를 아픔으로 밀고 가는 모든 역경 속에서도
주님께서 저를 지키시니 주님을 계속 신뢰할 것입니다.
제 삶을 주장하시는 주님을 의지합니다.
예수님의 이름으로 기도합니다. 아멘.

**찬양** 나의 한숨을 바꾸셨네 / 마음 속에 근심있는 사람

**성경** 이에 그들이 근심 중에 여호와께 부르짖으매 그들의 고통에서 건지시고_시 107:6

**묵상** 주님께서 내 삶에 어둠을 허락하지 않으시길 바랍니다. 그럼에도 주님의 뜻이라면 내 삶에 어둠도 허락하시길 바랍니다. 이것으로 내가 단련되길 원합니다. 어둠이 찾아올 때에도 그 자리에 멈춰서 좌절하기보다, 빛을 향해 한 걸음씩 나아가게 해 주시기를 바랍니다.

## 022

### 누군가에게서 보이는 그 약함이
### 저의 약함입니다°

하나님 아버지. 저분의 저 연약한 모습이 바로 저의 연약한 모습입니다.
다른 사람에게서 보게 하신 그 부족한 모습은 바로
하나님 앞에서 낱낱이 드러나야 할 저의 부족한 모습입니다.
누가 주님 앞에서 자신이 죄로부터 자유롭다고 말할 수 있을까요?
그 누구보다 저는 주님 앞에서 결코 자유롭지 못합니다.

저의 연약함을 깨우쳐 주시기 위하여 보이신 저 사람의 약한 모습을
긍휼히 여길 수 있도록 도와 주시길 원합니다.
제가 긍휼히 여길 때에야 비로소 주님의 긍휼을 입을 것입니다.

저의 긍휼 없음과 이웃에 대해 냉소하는 마음을 불쌍히 여겨 주시고,
저 자신의 눈에 낀 들보를 보지 못함과
주님 말씀 앞에 저를 먼저 돌아보지 못함을 가엾게 여겨 주세요.

주님의 마음으로 사랑하고 저도 주님의 사랑을 얻기 원합니다.
용서하시는 예수님의 이름으로 기도합니다. 아멘.

| 찬양 | 우리 함께 기도해 / 나 주의 도움 받고자

| 성경 | 어찌하여 형제의 눈 속에 있는 티는 보고 네 눈 속에 있는 들보는 깨닫지 못하느냐_눅 6:41

| 묵상 | 교만한 사람은 타인의 작은 잘난 척 하나도 견디기 힘들어 합니다. 어떻게든 그를 깎아내리고 싶어 합니다. 주님께서 부드러운 마음 주시기를 원합니다. 타인에게는 너그럽고 나 자신의 죄에 대해서는 민감한 사람 되길 소망합니다.

# 023

월    일

## 약할 때 강함 되시는 주님

저의 약함을 아시는 주님.
저의 약함이 저 자신을 무너뜨리지 않도록 붙들어 주세요.
저의 약함이 주님을 더욱 바라보는 계기가 되게 해 주세요.

제가 약할 때 주님은 저를 찾아와 주십니다.
그때 주님께서는 저에게 강함이 되어 주십니다.

마음이 무너진 자리가 주님의 말씀으로 세워지기를 원합니다.
마음이 흔들리는 자리에서도 기도하며 나아가기를 원합니다.

서 있다고 자신하는 자에게 경고하시고,
낮아져서 주님 찾는 자에게 다가오시는 주님.

주님께 무릎 꿇고 나아갑니다.
주님께 온 마음 다해 나아갑니다.
마음을 다해야 할 자리가 주님께만 있습니다.
주님께 기대어 있는 자는 쓰러지지 않습니다.
예수님의 이름으로 기도합니다. 아멘.

**찬양** 약할 때 강함 되시네 / 나의반석 나의방패

**성경** 늙을 때에 나를 버리지 마시며 내 힘이 쇠약할 때에 나를 떠나지 마소서_시 71:9

**묵상** 주님의 크심에 집중한다고 하면서도 내 욕망을 내려놓지 않았습니다. 주님의 크심이 나의 원함에 작용해 내 욕망만 이루기를 바랐습니다. 주님을 의지하는 것이 아니라 나를 위해 주님을 이용하려 했습니다. 나의 작음을 고백하며 내 욕망을 내려놓습니다.

## 024

**주님은 선하고 자비하시며
제 삶을 이끄는 분이십니다.**

주님. 주님을 경외하게 하시되,
주님을 더욱 사랑하는 가운데 그렇게 해 주시길 원합니다.

주님의 공의와 위엄 앞에 두려워 떨게 하시되,
단순히 주님이 두려워서 사명을 다하지는 말기를 원합니다.

주님은 두렵도록 위대하신 분일 뿐 아니라,
참으로 따뜻하고 사랑이 가득한 분이시기 때문입니다.
주님께 감격하고 감사하여 소명을 다하도록 이끌어 주시길 원합니다.

주님. 오늘도 주님 앞에서 저를 점검하기 원합니다.
주님을 사랑하는 삶으로 나아가길 소원합니다.

주님 주시는 기쁨으로 살아가는 자 되게 해 주세요.
주님 주시는 기쁨 가지고, 주님의 일을 책임 있게 다하는 제가 되게 해 주세요.
제 삶을 주님께서 주장하고 이끌어 주시길 원합니다.
예수님의 이름으로 기도합니다. 아멘.

**찬양** 하늘 위에 주님밖에 / 전능하고 놀라우신

**성경** 사랑 안에 두려움이 없고 온전한 사랑이 두려움을 내쫓나니 두려움에는 형벌이 있음이라 두려워하는 자는 사랑 안에서 온전히 이루지 못하였느니라_요일 4:18

**묵상** 맨 눈으로 태양을 바라볼 수 없습니다. 그럼에도 우리는 태양으로 인한 햇빛과 따뜻함을 누립니다. 우리 인생은 주님의 광대하심을 감당할 수 없습니다. 그럼에도 주님으로 인해 안심과 평화를 누립니다. 태양보다 더 밝으신 주님 앞에 감히 설 수 없지만, 예수님의 피 흘리심으로 그분을 아버지라 부르며 나아갈 수 있게 되었습니다.

## 025

주님의 도우심이 이 땅에
그리고 저에게 있길 원합니다.

주님.
저와 우리 모임과 또 우리 사회가 죄로 인해 주님과 멀어질 때, 제 마음이 힘듭니다.
말씀과 관계없는 세상 모습이 교회들 안에 들어와 있을 때, 제 마음이 지칩니다.
마음을 관리하기 어려워, 억누를 수 없는 화에 사로잡히기도 합니다.

제가 갖는 이 의분이 제 감정을 삼킬 때, 저는 참 공의로우신 주님을 바라봅니다.
그리고 저의 죄악 됨을 먼저 고백합니다.

주님께서 제 마음을 지켜 주시고, 깨끗케 하시며,
제가 이 세상에서 주님 말씀을 어떻게 나누며 살아가야 할지 가르쳐 주시기를 원합니다.
저는 생각이 짧고 주님을 아는 지식이 부족하며, 사랑의 마음도 적습니다.

주님의 도우심을 구합니다.
주님께서 저와 동행해 주세요.
예수님의 이름으로 기도합니다. 아멘.

**찬양** 주여 우린 연약합니다 / 거룩하게 하소서

**성경** 그 때에 내가 말하되 화로다 나여 망하게 되었도다 나는 입술이 부정한 사람이요 나는 입술이 부정한 백성 중에 거주하면서 만군의 여호와이신 왕을 뵈었음이로다 하였더라_사 6:5

**묵상** 성령님은, 우리에게 찾아오는 순간의 유혹과 죄악을 깨뜨리십니다. 예수님께서 십자가에 달리신 일을 마음 깊이 깨닫도록 하십니다. 죄악 가운데 있을 때 고치시고 위로와 회복도 주십니다. 이로 인해, 성령님께 사로잡힌 삶을 날마다 소원하게 됩니다.

# 026

월    일

## 은혜가 이끌어 가는 나의 삶

주님. 제 생각이 앞서 가고 그 생각을 표현하는 것도 앞서 있지만,
실제 생각대로 사는 것은 늘 뒤에 멈춰 서 있습니다.

주님께서 말씀으로 저를 지도하시고 기도로 나아갈 바를 가르치셔도
그 길대로만 걸어가기에는 한없이 부족하고 약합니다.

주님께서 제 마음을 돌봐 주시지 않으면,
저는 쉽게 제 감정과 기분대로 행동할 것입니다.

주님의 은혜를 제게 부어 주시길 원합니다.
주님의 시선을 제게 맞춰 주시길 원합니다.
주님의 사랑을 제게 채워 주시길 원합니다.
예수님의 이름으로 기도합니다. 아멘.

**찬양** 은혜 아니면 / 내 평생 살아온 길

**성경** 여호와여 들으시고 내게 은혜를 베푸소서 여호와여 나를 돕는 자가 되소서 하였나이다_시 30:10

**묵상** 사랑하는 법은 너무 느리게, 미워하는 법은 너무 빠르게 배우는 내가 때론 한없이 밉습니다. 그러나 주님의 은혜로 이것이 바뀌기도 함을 알았습니다. 오히려 사랑하고 싶고 잘못을 덮어 주고 싶은 마음은 주님께서 주시는 것입니다.

# 027

월    일

세상을 바르게 바라볼 시각도
주님께서 주십니다°

주님. 저의 자존감이 바닥을 치고 있을 때
저 자신뿐 아닌, 저를 이렇게 만든 주위 환경까지도 원망합니다.

주님. 제가 낮은 자존감에 사로잡혀 있을 때
제 안에 주님께서 새기신 주님의 형상을 발견하지 못합니다.

주님께서 만드신 아름답고 거룩한 형상이 제게 있는데도 말입니다.

저 자신을 바라보는 시각과 주위 환경을 바라보는 시각 모두
주님께서 기뻐하시는 건강한 시각으로 바뀌도록 제 마음을 어루만져 주세요.

주님께서 기뻐하시는 마음가짐을 가지고,
주님께서 기뻐하시는 생각을 하면서,
주님의 사랑으로 살아가는 사람이 되길 원합니다.

세상을 바르게 바라볼 시각도 주님께서 주십니다.
예수님의 이름으로 기도합니다. 아멘.

**찬양** 너는 그리스도의 향기라 / 내가 깊은 곳에서

**성경** 새 사람을 입었으니 이는 자기를 창조하신 이의 형상을 따라 지식에까지 새롭게 하심을 입은 자니라_골 3:10

**묵상** *오늘은 조금 긴 묵상입니다 : "불쌍하지 않습니다. 단지 그의 행복을 기원할 뿐입니다." 제가 초등학생이었던 언젠가, 가족들과 엘리베이터를 타고 있을 때의 일입니다. 몇 층인가에서 혼자 이리저리 고개를 흔들며 노래를 부르는 중학생 형이 탔습니다. 어딘가 좀 어색해 보이는 형이었습니다. 저는 엘리베이터에서 내린 후에 아빠에게 "저 사람 불쌍한 거다. 맞지?"하고 물었습니다. 그런데 그때 아빠의 말이 시간이 많이 흐른 지금도 기억이 납니다. "우리가 볼 때 불쌍해 보여도, 그래도 저 엉아는 행복할 거야." 그때 저는 '저와는 조금 다른' 그의 행복을 진심으로 기원해 줄 수 있었습니다. 그때를 회상하면서, 이 일을 이제는 기억도 못 하실 아빠에게 이렇게 대답해 드리고 싶습니다. "어렸을 적, 그때 아빠가 해 주신 옳은 말씀 덕에 저는 그 형을 불쌍해 하지 않을 수 있었습니다. 도리어 저 형이 세상을 더 행복하게 살도록 하기 위해서 제가 할 수 있는 일이 무엇일지 생각할 수 있었습니다."

## 028

월   일

### 주님은 선함과 위로가
### 가득하신 분이십니다.

주님. 함부로 권면도 충고도 할 수 없는 것이 사람일까요?
머리로는 어떻게 해야 할지 잘 알더라도
마음처럼 잘 되지 않아 힘들어 하는 모습을 가졌습니다.

마음이 힘들어 좋은 표정을 짓지 못하고
슬픈 모습을 보이고 있는 사랑하는 사람에게
주님께서 찾아가 주시길 원합니다.

우리가 주님의 사람이기에 이 어려움도
예수님의 십자가 사랑으로 이겨낼 수 있게 도와 주세요.

주님은 위로와 선함이 가득한 분이십니다.
예수님의 이름으로 기도합니다. 아멘.

| 찬양 | 세상이 당신을 모른다 하여도 / 내 맘이 낙심되며

| 성경 | 요나단이 다윗에게 이르되 평안히 가라 우리 두 사람이 여호와의 이름으로 맹세하여 이르기를 여호와께서 영원히 나와 너 사이에 계시고 내 자손과 네 자손 사이에 계시리라 하였느니라 하니 다윗은 일어나 떠나고 요나단은 성읍으로 들어가니라_삼상 20:42

| 묵상 | 사람들과 어울리는 시간이 행복합니다. 밥을 먹고 삶을 나누고 신앙적인 대화를 하고 서로를 위한 기도도 합니다. 주님께서 이들의 삶 가운데 날마다 동행해 주시길 원합니다. 이들이 만나는 삶의 역경 속에서도 함께 하셔서 매일이 주님 안에서 승리하는 삶이 되길 원합니다.

## 029 　　　　　　　　　　　월　　　일

### 주님 없는 삶은 아무 의미 없습니다.

주님. 오늘은 제 마음이 무너져 있습니다.
저는 주님 앞에서 내세울 것 없고 가진 것도 없으며,
저는 죽을 죄인이고 주님의 도우심만을 필요로 합니다.

주님. 저는 불쌍한 자입니다. 저를 도와 주세요.
제 손을 붙잡으시고 놓지 말아 주세요.
제게는 주님밖에 없습니다.
주님 없는 삶은 아무 의미 없습니다.
주님 앞에서 멀어지지 말게 해 주세요.

주님은 행복의 근원이십니다.
주님을 따를 때, 제 안에 평화와 기쁨이 찾아옵니다.
제가 바라보고 나아갈 것은 주님밖에 없습니다.
예수님의 이름으로 기도합니다. 아멘.

**찬양** 날 향한 계획 / 네 병든 손 내밀라고

**성경** 아사가 그의 하나님 여호와께 부르짖어 이르되 여호와여 힘이 강한 자와 약한 자 사이에는 주밖에 도와 줄 이가 없사오니 우리 하나님 여호와여 우리를 도우소서 우리가 주를 의지하오며 주의 이름을 의탁하옵고 이 많은 무리를 치러 왔나이다 여호와여 주는 우리 하나님이시오니 원하건대 사람이 주를 이기지 못하게 하옵소서 하였더니 여호와께서 구스 사람들을 아사와 유다 사람들 앞에서 치시니 구스 사람들이 도망하는지라_대하 14:11-12

**묵상** 무얼 내세울 만큼 뛰어난 것이 나에게 없습니다. 그러나 예수님의 주 되심을 알고 예수님의 사랑에 반응할 수 있다는 것이 나의 가장 큰 자랑이며 감사입니다.

## 030

### 주님께서 베풀어 주시는 평안

주님. 제 마음에 감당할 수 없는 슬픔과 괴로움이 찾아올 때
주님께서 제 손과 발을 꼭 붙잡아 주시기를 원합니다.

제 마음이 누군가의 위로를 필요로 할 때
제 마음을 달래줄 주님의 사람을 제게 보내 주시길 원합니다.
주님께서 보내주신 사람들과의 진실한 교제는 제 마음을 달래고 어루만질 것입니다.

주님. 제가 주님으로 인해서만 참 만족을 얻는 사람이 되겠습니다.
주님은 저의 목마름을 해결하는 영원한 생수가 되십니다.

주님을 찬양할 때, 제 마음에 평안이 찾아옵니다.
주님은 저와 함께 해 주시는 분이십니다!
예수님의 이름으로 기도합니다. 아멘.

| 찬양 | 성령이여 임하소서 / 내게로 오라 하신 주님의

| 성경 | 여인들이 나오미에게 이르되 찬송할지로다 여호와께서 오늘 네게 기업 무를 자가 없게 하지 아니하셨도다 이 아이의 이름이 이스라엘 중에 유명하게 되기를 원하노라_룻 4:14

| 묵상 | 혼자 가야겠다고 생각해서 까마득한 마음이었습니다. 그러나 같이 와준 사람들 덕분에 여기까지 왔고 앞으로도 힘내어 갈 수 있음을 알았습니다. 그리고 이 모두를 붙여 주신 주님도 저와 함께 하십니다.

하나님께 올려드리는 나의 기도

# 03
## 소망

하나님의 성품을 닮아가는
그리스도인

**필사를 위한 묵상**

## "우리의 소망을
## 오직 주님의 사랑에서 찾습니다"

부모가 자녀를 죽이고, 자녀가 부모를 버립니다. 세상은 얼마나 절망스러운 곳인가요? 안타까운 소식에 눈가가 촉촉해집니다. 고통의 무게는 아무리 간접적으로 경험해도 돌덩이 같이 무겁습니다. 이런 험악한 세상에서 과연 누가 살아남을 수 있을까요? 소망을 찾는 발버둥은 우릴 더욱 절망으로 이끌기도 합니다. 우리가 살아가는 세상은 절망과 소망이 엎치락뒤치락 하는 물레방아입니다. 그 안에서 우리는 이쪽으로 혹은 저쪽으로 깊이 기울어지는 때가 있습니다.

그럼에도 신자의 삶은 미묘합니다. 이 말은 신자가 소망과 절망의 정중앙에 서 있다는 말은 아닙니다. 사실 그런 모호함은 균형이라고 할 수도 없습니다. 절망도 안하고 소망도 안하는 건 로봇일 뿐이니까요. 주님은 때때로 우리에게 지독스러운 소망도 갖게 하시고, 다 내려놓는 절망도 허락하십니다. 그래서 주님은 신자가 그 중간에 있지 않게 하시고 소망 중에도 우리가 처했던 비참함을 떠올리게 하시며, 절망 중에도 끝내 소망을 포기하지 않는 쪽에 두십니다.

무엇보다 신자의 소망은 주님께서 계시다는 것에 있습니다. 신자에게는 눈물과 기쁨으로 나아갈 대상인 주님께서 계신 것입니다. 주님은 우리 삶의 험난한 여정에 함께 하시면서 세상을 바라보는 우리의 시각을 붙잡아 주십니다. 그래서 우리는 기대와 인내와 소망을 완전히 버리지 않을 수 있습니다. 그 기대와 인내와 소망의 주인은 주님이시고, 우리는 주님 지으신 세상에 살기 때문입니다.

저도 주님께서 저와 함께 하시고 세상을 신실하게 다스리심을 믿습니다. 그렇기에 제 눈에 답답함과 안타까움이 남는 일들 앞에서도 주님의 긍휼과 사랑의 시선을 놓지 않으려 합니다. 이 일이 저 스스로는 불가능해도 우리 주님으로 인해서는 가능합니다. 주님은 가장 의로운 분이셨으나 저를 위해 가장 비참하게 십자가에 달려 죽으신 분이니까요. 가장 처절한 그 자리가, 이제 저의 가장 큰 소망의 자리가 되었습니다.

## 031

주님의 죽으심으로 생명이 찾아옵니다.

주님께서 창에 찔리실 때 저의 몸이 생명을 얻었습니다.
주님께서 채찍에 맞으실 때 저의 영혼이 소망을 얻었습니다.
주님께서 저의 생명이시고 저의 소망이십니다.
주님께서 다시 살아나심으로 저의 부활이 준비되었습니다.

주님께서 십자가에 달리심으로 저는 죽음에서 해방되었습니다.
주님께서 생명을 다하심으로 저는 나음을 얻었습니다.
주님께서 율법을 이루심으로 저는 의롭다 여김 받았습니다.
주님께서 인류의 가장 복된 소식이십니다.

주님을 사랑합니다.
주님을 사랑함이 주님께 드릴 수 있는 전부입니다.
주님을 사랑하는 것 외에는 주님께 해드릴 것이 없습니다.
주님은 만왕의 왕이시며 모든 살아있는 것의 영광과 존귀를 받기 합당하십니다.
주님께만 생명을 다해 경배를 드립니다.
죽음을 죽이시고 생명을 사신 주 예수님의 이름으로 기도합니다. 아멘.

**찬양** 다 와서 찬양해 / 시온의 영광이 빛나는 아침

**성경** 그가 찔림은 우리의 허물 때문이요 그가 상함은 우리의 죄악 때문이라 그가 징계를 받으므로 우리는 평화를 누리고 그가 채찍에 맞으므로 우리는 나음을 받았도다_사 53:5

**묵상** 수많은 기회를 주신 주님, 매일 변화시켜 주시고, 매일 이끌어 주시는 주님. 주 예수님을 느끼고 사랑합니다. 주님을 알고 난 후 변화되어 가는 저의 모습이 기적입니다. 제 인생이 주님을 위하고 주님을 향하는 사랑의 이야기가 되길 원합니다.

## 032

제 마음은 주님 안에서만 소망이 넘칩니다.

소망이신 예수님.
저 자신의 연약함과 공동체의 아픔을 직면할 때 저는 쉽게 낙담합니다.
이 땅에 도대체 무슨 대책이 있을 수 있을까 싶어 안타까움을 느낍니다.

저는 주님의 생각과 계획을 다 헤아리지 못합니다.
주님께서 다만 이 세상의 주인이심을 신뢰할 뿐입니다.
주님은 다스리는 분이시며 저는 주님의 자녀입니다.
저는 오롯이 주님의 놀라운 은총과 복을 의지할 뿐입니다.

오늘도 주님으로 인한 소망을 놓지 않겠습니다.
주님께서 만드신 자연 속에서 기쁨의 노래를 부르겠습니다.
이 생명 취하시기까지 제 삶은 주님께 맡겨졌습니다.

제 마음을 주님의 마음으로 채워 주시고
제 생각을 주님의 생각으로 바꿔 주세요.
예수님의 이름으로 기도합니다. 아멘.

**찬양** 아버지 당신의 마음이 있는 곳에 / 이 세상은 요란하나

**성경** 바닷물이 솟아나고 뛰놀든지 그것이 넘침으로 산이 흔들릴지라도 우리는 두려워하지 아니하리로다 (셀라)_시 46:3

**묵상** 나는 상한 갈대와 같이 이리저리 흔들립니다. 그러나 때마다 찾아뵙는 주님은 언제나 어느 때나 동일하신 그 자리에 서서 한결같이 나를 기다리십니다. 주님의 그 신실하심을 마음 다해 찬양합니다. 또 앞으로도 그렇게 신실하실 것임을 믿어 의심치 않습니다.

## 033

월    일

주님의 구속하신 은총이 있어
이 땅에 소망이 있습니다.

주님. 주님의 말씀 앞에 설 때 제가 죄인임을 깨닫습니다.
주님의 말씀이 가르치는 지식은 다른 누구도 아닌 저를 향해 있습니다.
주님은 오직 말씀으로 제가 주님 앞에 엎드려져 순복하게 하십니다.

주님. 주님은 저에게 주님 안에서만 누리는 참된 기쁨을 날마다 주십니다.
또 주님은 제가 누리는 이 기쁨을 이웃과도 나누기를 원하십니다.
주님의 선하심이 저의 삶을 통해 세상에 전해지길 원합니다.

주님. 저는 주님의 모습을 꼭 닮은 사람들과 함께 어우러져 일하고 있습니다.
때로는 연약한 모습이 우리에게 있지만, 주님은 이곳에도 소망을 비추십니다.
구주 예수님께서 이루신 구속의 은총이 있기에 우리는 담대합니다.

오늘 하루도 삶의 주인이신 주님을 기억하며 나아갑니다.
주님께서 기뻐하시고 뜻하시는 자리에 제가 있길 기대합니다.
제 생각과 행동과 중심을 주님께서 항상 주장해 주세요.
예수님의 이름으로 기도합니다. 아멘.

**찬양** 빛을 들고 세상으로 / 구주를 생각만 해도

**성경** 이를 위하여 우리가 수고하고 힘쓰는 것은 우리 소망을 살아 계신 하나님께 둠이니 곧 모든 사람 특히 믿는 자들의 구주시라_딤전 4:10

**묵상** 부족한 나의 주위에는 벅찰 만큼의 좋은 분들이 너무나 많습니다. 함께 해주는 공동체 구성원들에게 늘 감사합니다. 그리고 이들을 붙여 주신 주님을 찬양합니다. 혼자서는 살아갈 수 없는 이 세상, 주님께서 함께 할 이들을 붙여주셨기에 나는 힘을 내어 앞으로 나아갈 수 있습니다.

## 034

월    일

### 주님의 다시 오실 날을 기다립니다°

주님. 예수님 안에서 한 가족이 된 모임 중에도
다른 생각을 가진 이들이 참 많습니다.

서로 상처를 주고받고, 서운함을 주고받고, 오해를 주고받습니다.
주님께서 예수님을 머리 삼아 하나 되게 하신 공동체 가운데에도
이런 일이 멈추지 않습니다.

우리의 연약함을 도와 주시고
주님의 사랑과 인애가 우리에게 더욱 넘치게 해 주세요.
주님의 자비와 오래 참으심도 우리에게 충만케 해 주세요.

저는 주님의 다시 오실 날도 더욱 고대합니다.
마라나타! 예수님의 이름으로 기도합니다. 아멘.

**찬양** 우리에겐 소원이 하나있네 / 하나님의 나팔소리

**성경** 잠시 잠깐 후면 오실 이가 오시리니 지체하지 아니하시리라_히 10:37

**묵상** 신학교를 졸업하면서, 그동안의 감사한 일과 눈물이 흐르던 날들을 떠올릴 수 있었습니다. 공동체원들과의 마음이 어려웠던 때도 생각납니다. 그럼에도 그동안 우리 공동체를 인도하신 주님의 선하심을 충분히 알 수 있었습니다. 그리고 주님께서 함께 하시기에 소망을 버리지 않을 수 있었습니다. 앞으로도 내내 주님과 함께 하는 저와 우리의 삶이길 원합니다. 또 우리의 삶이 주님 다시 오시기까지 주님께 바쳐진 삶이길 소망합니다.

## 035

주님께서 보이신 희생과 사랑에
저의 잔이 넘칩니다°

자신을 향해 날아드는 칼과 창을 피하지 않으시고
두 팔 벌려 온 몸으로, 그것들을 사랑으로 받아내신 구주 예수님.
주님의 사랑은 한도 끝도 없습니다.
그것이 너무나 벅차서, 저는 그것을 받기만 하는 것도 감당할 수 없습니다.

저는 주님의 희생을 늘 헤아리지 못하며, 주님의 본을 따라서 살지도 못합니다.
주님의 크신 사랑은 바다가 다 담을 수 없고 하늘도 다 품을 수 없습니다.
저는 작은 예수가 되어 주님처럼 살아 보고자 하나
여전히 주님의 발뒤꿈치에도 머물지 못합니다.

신실하신 주님 따라 살기 원하는 제 마음 아시는 주님.
주님 손에 제 삶을 의탁합니다.
주님의 인도하심을 따르는 생활이 되길 기도합니다.

제 삶을 강하게 인도해 주세요.
예수님의 이름으로 기도합니다. 아멘.

**찬양** 이 땅 위에 오신 / 하늘 보좌 떠나서

**성경** 그리스도께서 너희를 사랑하신 것 같이 너희도 사랑 가운데서 행하라 그는 우리를 위하여 자신을 버리사 향기로운 제물과 희생제물로 하나님께 드리셨느니라_엡 5:2

**묵상** 어느 날 주님의 위대하신 십자가 사랑이 내 가슴을 뚫고 지나갔습니다. 주님의 일하심에 대한 깨달음은 마치 얇고 과격한 빛 같이 내 머리를 때렸습니다. 돌이켜 보니 이 빛은 망치와도 같고 송곳과도 같은 느낌이었습니다. 그때 섬세하고 세미한 주님의 음성이 파도처럼 나를 삼켰고, 나는 전심으로 주님의 평안과 기쁨을 만끽했습니다.

## 036

월    일

## 제가 아닌 주님이 드러나길 원합니다.

주님. 주님께서 맡기시고 하게 하신 일들을 돌이켜 볼 때, 참 감사한 마음이 듭니다.
주님께서 저를 통해 하시는 일을 보며 기뻐합니다.
그러하기에 이 모든 영광을 주님께 돌립니다.

저는 주님 일에 필요하신 대로 쓰임 받는 도구입니다.
주님의 일하심을 보고 제가 영광을 얻거나 저를 위한 성벽을 만들지 않게 해 주세요.

주님. 저는 종종 주님께서 뜻하신 자리로 가기보다
제가 만든 편한 방식을 찾아가려고 합니다.
하늘의 뜻이 땅에서도 이루어지길 바라며,
주님의 뜻을 마음에 품는 이가 되게 해 주세요.

온 하늘과 우주의 유일한 왕이신 주님만이 제가 따르고 섬길 분이십니다.
예수님의 이름으로 기도합니다. 아멘.

**찬양** 주님 큰 영광 받으소서 / 영광은 주님 홀로

**성경** 여호와의 이름을 찬양할지어다 그의 이름이 홀로 높으시며 그의 영광이 땅과 하늘 위에 뛰어나심이로다_ 시 148:13

**묵상** 주님으로 인해 가슴이 뜨거워질 때, 홧김이 아닌 열정으로, 자랑이 아닌 겸손으로, 꾀가 아닌 순전함으로 일할 수 있었 습니다. 항상 그렇게 살지는 못하지만, 이것이 내 마음의 방향을 주님께서 잡아 주실 때 일어나는 현상입니다. 그리고 이 방향이 제가 따라가야 할 길입니다.

## 037

## 다른 무엇보다 주님 말씀으로 인해 삽니다°

저를 날마다 연단하시는 주님.
제 소망의 근거가 되시는 주님.
어떤 상황에서도 주를 바라보는 자로 살겠습니다.

세상에는 제 시선을 빼앗는 것도 많습니다.
주님께서 제 눈과 마음을 지켜 주세요.

제가 바라보는 것이
주님께서 말씀으로 이루신 세상이길 원합니다.
주님께서 말씀으로 이루실 세상이길 원합니다.

세상은 보는 것을 믿으나 저는 믿는 것을 보는 자이니,
세상이 이를 보고 알게 해 주세요.
저는 오직 주님의 말씀을 통해서만 이 세상을 살아갑니다.
예수님의 이름으로 기도합니다. 아멘.

**찬양** : 주의 말씀 앞에 선 / 주님 약속하신 말씀 위에서

**성경** : 믿음은 바라는 것들의 실상이요 보이지 않는 것들의 증거니_히 11:1

**묵상** : 안경을 낀 어떤 사람도 눈앞에 렌즈가 있다는 것을 계속 의식하지는 않습니다. 그럼에도 안경은 '코앞에' 분명히 있습니다. 이와 유사하게 사람은 각자 자신이 끼고 있는지도 모르는 어떤 관점 하나씩을 가지고 있습니다. 그것으로 세상을 보고 사람을 판단합니다. 그렇다면 나는 과연 나 자신도 모르게 어떤 관점을 가지고 살고 있는지 생각해 볼 일입니다. 오직 주님의 말씀만이 그 관점이 되기를 소망해 봅니다.

## 038

월    일

죄와 욕망이 아닌 절제와 결단의 삶으로
주님께 영광 돌립니다°

주님, 오늘은 제 마음에 절제하는 마음 주시기를 기도합니다.
주님께서 허락하신 자유를 가지고, 주님을 기쁘시게 하는 삶을 살길 소원합니다.
먹을 것과 입을 것과 누릴 것을 절제하게 하시며
저의 마음과 감정도 날마다 주 앞에 살피게 해 주세요.

살아가는 동안 세상에는 죄악과 비참함이 있어도
구주 예수님과 동행하는 것이 가장 큰 기쁨입니다!
부족함 가운데에도 주님께 영광 돌리는 결정들로
나아갈 수 있게 되어 참으로 감사를 드립니다!

제가 은혜로 받았던 변화된 습관으로
주님 나라를 위해서 살도록 인도해 주세요.
주님의 신실하심을 따르고 신뢰하며
주님께서 주신 자리를 결단하며 살아내게 해 주세요.
구주이며 주님이신 예수님의 이름으로 기도합니다. 아멘.

**찬양** 고개 들어 주를 맞이해 / 내가 예수 믿고서

**성경** 오직 너 하나님의 사람아 이것들을 피하고 의와 경건과 믿음과 사랑과 인내와 온유를 따르며 믿음의 선한 싸움을 싸우라 영생을 취하라 이를 위하여 네가 부르심을 받았고 많은 증인 앞에서 선한 증언을 하였도다_ 딤전 1:11-12

**묵상** 구별된 기도 시간에만 나의 기도가 멈춰 있지 않기를 원합니다. 주님 말씀의 가르침을 따라 기도한 대로 제게서 변화된 성향과 습관이 나타나길 원합니다. 주님 성품을 날마다 조금씩 더 배우고, 그것대로 살아내는 자가 되길 원합니다.

## 039

월    일

### 세대를 초월하여 일하시는
### 하나님을 기대합니다.

역사의 수레바퀴를 돌리시는 하나님.
오늘은 저를 신앙의 자녀 세대로, 또 후배 세대로 살게 하심을 감사합니다.

자녀이고 후배이기에 무한한 사랑과 은혜를 받았음을 기억합니다.
또 아직은 두렵지만 저를 부모와 선배 세대로 세우시고 이끄시길 기대합니다.

제가 자녀와 후배의 특권을 누리면서도 기존의 것 중
보고 배울 것과 배우지 말 것을 분별하는 안목을 주세요.
이 땅의 자녀와 후배 세대들에게도
주님께서 그런 지혜를 허락해 주세요.

주님 나라가 하늘에서 이룬 것 같이 땅에서도 이루어지길 원합니다.
주님께서 나라와 민족을 움직이시는 역사를 우리 가운데 나타내주세요.
예수님의 이름으로 기도합니다. 아멘.

**찬양** 오라 우리가 여호와의 산에 올라 / 주가 세상을 다스리니

**성경** 여호와여 주는 영원히 계시고 주에 대한 기억은 대대에 이르리이다_시 102:12

**묵상** 주님의 지혜로 사는 사람들을 주님께서 이 땅에 더 많이 등장시켜 주시기를 날마다 기대합니다. 그리고 한때 주님께서 쓰셨던 인물들이 말년에 암담해지는 것을 보노라면, 나라와 공동체를 뜨겁게 사랑하는 이 땅의 젊은이들이 주님 앞에 나아가기까지 그 열정과 지혜를 끝까지 잃지 않게 해 주시길 바랍니다. 우리 주님은 어느 때나 일하고 계신 분이시기에 이 땅에도 소망이 완전히 사라질 일은 없을 거라 믿습니다.

## 040

제 눈이 주님을 바라보고
향하기를 원합니다°

주님. 저는 때로 제 악함을 보기는 어렵고
상대방의 선함을 보기는 더 어렵습니다.
예수님 안에서 선함을 발견하고
예수님 사랑 안에서 악함은 견딜 수 있게 도와주세요.
모든 소망도 절망도
예수님을 마음에 모신 후에 있게 하시길 원합니다.

주님. 제가 아는 것은 이것뿐입니다.
세상은 주님에게서 나왔다는 것입니다.
그러니 우리의 악함으로 왜곡이 되어도
주님의 신실함으로 회복됨을 믿습니다.

제 눈이 바라보고 향할 것이 주님께 있습니다.
예수님의 이름으로 기도합니다. 아멘.

| 찬양 | 주의 보좌로 나아갈 때에 / 어둔 죄악 길에서

| 성경 | 그 마음의 숨은 일들이 드러나게 되므로 엎드리어 하나님께 경배하며 하나님이 참으로 너희 가운데 계신다 전파하리라_고전 14:25

| 묵상 | 마음이 흔들릴 때 성령님을 의지합니다. 나를 위해 탄식으로 기도하시는 성령님을 의지하여 힘을 얻습니다. 상황을 견디는 힘도 성령님께서 주십니다. 마음을 견고하게 하시는 성령님께서 날마다 내게 역사하심에 감사를 드립니다.

## 041

### 소망은 주님께만 있고 오직 주님의 것입니다.

오, 주님. 말씀에 비추어 볼 때 제가 죄인임을 깨닫습니다.
온전한 생각과 구별된 마음으로 주 앞에 살지 못했습니다.
저를 고소하는 죄에 대한 깨달음에 마음이 무겁습니다.
철저한 죄인이 이 사망의 몸에서 눈을 들어 주를 바라봅니다.
제가 소망을 품고 바라볼 곳은 주님밖에 없음을 깨닫습니다.

이 땅에서 일어나는 여러 가지 사태도 제 마음을 어렵게 합니다.
보도되는 끔찍한 사건들을 보니 세상에는 죄악만이 넘칩니다.
이런 세상에서 제가 소망을 품고 살아갈 이유가 어디에 있습니까?
아픈 현실 앞에서 저는 눈물과 인내로 주님께 나아갈 뿐입니다.

눈을 들고 마음을 열어 제 생각과 사고의 틀을 벗어던집니다.
진정한 안식과 평화가 있는 주님의 품 안으로 쏙 들어갑니다.
제가 오늘과 내일을 살아낼 힘이 여기에 가득함을 깨닫습니다.
주님의 신실하심을 믿습니다. 주님은 세상의 경영자이십니다.
소망이신 예수님의 이름으로 기도합니다. 아멘.

**찬양** 햇살보다 밝게 빛나는 주의 영광 / 아침햇살 비칠 때

**성경** 주여 이제 내가 무엇을 바라리요 나의 소망은 주께 있나이다_시 39:7

**묵상** 나는 죄와 끊임없이 타협하려는 성향을 가지고 있습니다. 그러기에 주님께서 날마다 정직히 주님 앞에 서는 은혜를 허락하시길 원합니다. 죄악된 습관에서 돌이켜 주님을 따르는 사람으로 인도하시길 원합니다. 주님 앞에 나아가기를 지루해 하지 않고, 영적 회복과 부흥이 날마다 일어나길 원합니다.

## 042

월    일

## 이 땅에도 주님 나라가 임합니다.

주님. 제 안에 복음이 주는 즐거움이 있습니다.
주님께서 찾아와 주셨기 때문입니다.

저에게서 성령의 열매를 거두어 주세요.
성령의 열매를 풍성히 맺는 자 되게 해 주세요.

이 땅에 주님 나라가 이루어지길 원합니다.
제 삶을 통해 주님 나라 확장이 있길 원합니다.
저의 모임과 만남도 주님께 드려지는 예배와 같기를 원합니다.

우리 모임이 주님께 기쁨이 되는 모임 되게 해 주세요.
주님 나라 이루는 일에 함께 참여하는 자들을 세워 주세요.
예수님의 이름으로 기도합니다. 아멘.

| 찬양 | 그리스도의 계절 / 하늘에 계신

| 성경 | 나라가 임하시오며 뜻이 하늘에서 이루어진 것 같이 땅에서도 이루어지이다_마 6:10

| 묵상 | 공의와 사랑으로 충만한 주님의 나라를 열망합니다. 나로부터 주님 나라가 이루어지길 원합니다. 그리고 이 땅 가운데에도 주님 나라가 충만히 임하길 소원합니다. 주님께서 그 일을 언젠가 이루실 것입니다!

## 043

월    일

주님의 교회에 주 안에서
서로 사랑하는 마음을 허락해 주세요.°

주님. 함께 신앙생활을 하고
동일한 믿음의 고백을 드리는 모임을 허락하심에 감사합니다.
예수님께서 이 모임의 머리가 되시고, 서로가 한 몸 된 지체라 하심도 감사합니다.

그러나 우리는 생각의 차이와 서로의 다름을 마주하곤 합니다.
주님께서 우리로 서로의 다른 의견을 들으면서 성장하게 하시고
서로의 다른 생각을 존중할 수 있는 용기와 지혜도 허락해 주세요.

이때에 우리의 마음도 상하지 않게 지켜 주시기를 기도합니다.
주님을 사랑하여 우리가 더욱 마음을 하나로 모으는 모임이 되기를 원합니다.
서로를 사랑하고 이해하고 배려하여 성장하는 모임이 되기를 원합니다.
교회를 지도하는 목회자들과 모든 섬기는 자들도 주님께서 더욱 강하게 붙잡아 주세요.
우리를 사랑하시는 예수님의 이름으로 기도합니다. 아멘.

**찬양** 진정한 예배가 숨 쉬는 교회 / 교회의 참된 터는

**성경** 너희는 그리스도의 몸이요 지체의 각 부분이라_고전 12:27

**묵상** 주님은 주님의 교회가 주님의 깊으신 뜻을 깨닫고 깨달은 대로 행할 수 있도록 믿음과 지혜를 허락하십니다. 그리고 이 일들을 행하기 위해 주님 안에서 우리가 사랑으로 하나 되게 하십니다. 삼위일체 하나님께서 하나이시고 세 위격이 서로 사랑하시듯이 우리도 그렇게 주님을 닮아가게 하시는 것입니다.

# 044

월    일

## 주님께서 이끄시는 우리 모임

주님. 주님께서 우리의 관계를 지켜 주시지 않으면 우리의 관계는 쉽게 무너지고 맙니다.
주님께서 우리 사이에 거하지 않으시면 우리의 모임은 쉽게 흔들리고 넘어지고 맙니다.

주님. 우리 사이에 거해 주세요. 우리 관계의 기초가 되어 주세요.
주님 머무실 공간을 늘 비워두는 우리가 되게 해 주세요.

주님께서 언제든 우리 사이에 찾아오실 수 있기를 원합니다.
우리 모임이 항상 주님을 기억하며 나아가기를 원합니다.
그렇게 우리를 인도해 주세요.

주님께서 빠지신 우리 모임은 상상조차 할 수 없습니다.
주님께서 계시지 않은 우리 모임의 계획은 바닷가의 모래성과 같습니다.
주님께서 우리 모임의 기초가 되어 주세요.
주님께서 우리의 반석이 되어 주세요.
주님께서 우리의 중심이 되어 주세요.
예수님의 이름으로 기도합니다. 아멘.

**찬양** 예수님 마음 품고 / 예수 우리 왕이여

**성경** 이 예수는 너희 건축자들의 버린 돌로서 집 모퉁이의 머릿돌이 되었느니라_행 4:11

**묵상** 우리는 예수님을 중심으로 하여 하나님 앞에 모이는 자들입니다. 예수님께서 하나님의 뜻을 드러내시고 우리 가운데 그 뜻을 알리는 통로가 되시기 때문입니다. 사실 우리는 예수님과 연합하지 않고는 그 어떤 일도 이룰 수 없습니다. 예수님은 우리 모두의 머릿돌이 되시고 우리 사이의 모퉁이돌이 되셔야 합니다.

## 045

### 주님께서 부르신 자리에서 하루를 삽니다.

주님. 주님의 일에 동참하도록
이 땅에서 부름 받은 주님의 자녀들을 위해 기도합니다.

주님은 우리가 일할 공간을 지으시고
우리가 일할 직업도 만드시고
그 일을 우리의 신앙으로 감당하게 하십니다.
우리는 주님께서 우리를 부르신 목적에 걸맞게
이곳에서 신앙으로 우리 삶을 살아내기 원합니다.

주님의 자녀로 우리의 맡겨진 일을 기쁘게 감당하겠습니다.
주님께서 날마다 말씀으로 우리의 삶을 지도해 주세요.
말씀에서 생명을 얻고, 그 기쁨으로 매일을 살도록 인도해 주세요.

주님을 바라봄으로 우리의 날이 시작되게 하시고,
우리 주위를 돌아봄으로 우리의 날이 진행되게 하시며,
주님께 영광 돌림으로 우리의 날이 마쳐지게 해 주세요.
예수님의 이름으로 기도합니다. 아멘.

**찬양** 우리가 세상 사는 동안에 / 너 주의 사람아

**성경** 그러므로 우리가 이 같은 자들을 영접하는 것이 마땅하니 이는 우리로 진리를 위하여 함께 일하는 자가 되게 하려 함이라_요삼 1:8

**묵상** 오늘, 밥을 먹고 행하는 모든 일들 가운데 주님을 기억하기 원합니다. 주님께 행하듯 마음과 일상을 정돈하여 나아가기 원합니다. 하루 동안 행하는 모든 일이 주님 받으실 만한 것이 되기를 원합니다.

하나님께 올려드리는 나의 기도

# 04 확신

하나님의 성품을 닮아가는
그리스도인

필사를 위한 묵상

## "사랑으로 처신을 다하기"

더 많이 생각하기를 요구하는 세상입니다. 이렇게도 저렇게도 생각해 봐야 합니다. 이 사람도, 저 사람도 그렇게 생각할 자유와 그렇게 해도 될 이유가 나름대로 있습니다. 또 무언가 해야만 하는 것이 아니라 각자가 좋아하는 걸 하는 것이 중요하다고 생각합니다. 그래서 다들 서로 원하는 것을 하도록 존중해야 합니다. 이런 시대를 어려운 말로 포스트모던(postmodern) 시대라고 합니다. 이것을 이해하기 위해서는 대학생이 되거나 책상에 앉아서 공부만 해야 하는 것은 아닙니다. 카페나 공중 화장실만 가 보아도 심심치 않게 들을 수 있습니다. 누가 재수 없다느니, 이런 건 노답(답이 없다)이라느니, 나는 이런 것이 좋다느니, 이게 최고라느니, 이건 내 '개취'(개인취향)라느니, 이 사람은 '취존'(취향존중) 좀 해야 한다느니 말입니다.

주님의 살아 계심과 일하심을 신뢰하는 그리스도인에게 때로 이런 시대 정신은 좋지 않게 느껴집니다. 세상만사를 취향 문제라고 하기에는 가만히 생각해 보면 뭔가 찜찜하기 때문입니다. 우리는 믿음을 취향 문제라고 생각하지 않습니다. 아무 종교든 '맛집 골라잡듯' 하면 된다고 보지 않습니다. 우리는 주님께서 계신 것을 '그럴지도 모른다.'라고 믿지 않습니다. 주님은 분명히 살아 계시고 역사하신다고 믿습니다.

한편 우리가 생각해 볼 것은, 우리는 우리처럼 생각하지 않는 사회 속에서 살아가고 있다는 점입니다. 그렇기에 고민할 것도 생기는 법입니다. 취향과 개성을 존중해 달라고 요구하는 이들에게 어떻게 주님과 주님의 복음을 전할 것인지 말입니다. 이런 것을 우리는 '처신'이라고 할 수 있습니다.

처신은 소신과 꼭 대치되지 않습니다. 아니, 사실 소신과 처신은 함께 가야 합니다. 주님께 대한 마음을 지키는 소신, 그리고 이웃에 대한 관심에서 시작되는 처신을 동시에 말입니다. 바울도 우상 숭배에 드려진 고기를 먹어도 된다는 자신의 신념과 관계없이 그것을 안 먹었습니다(고전 8장). 믿음이 약한 이가 시험 당할까 싶어서요. 그리고 유대인에게 복음 전하기에 앞서 디모데에게 중요한 유대인의 의식인 '할례'를 행했습니다(행 16:3). 그렇게나 할례가 구원을 담보하지 않는다고 말해 놓고요(갈 5:1–6; 롬 4:9–12). 이런 태도가 모순이거나 자기 합리화일까요? 아닙니다. 사실 처신은 사랑과 배려 때문에 하는 것이기 때문입니다.

주님의 살아 계심과 역사를 확신하기에 더욱 이웃을 위한 처신의 삶을 사는 것이 마땅합니다. 주님께서 우리를 사랑하셨듯이 우리도 주님과 이웃을 사랑하라고 하지 않으십니까? 이웃은 하나님의 형상으로 지어졌습니다. 그리고 주님을 아직 알지 못한다면 더욱 그를 위해 기도하고 복음으로 초청함이 마땅합니다. 그런데 그가 우리를 보고 복음에 대한 마음의 문을 닫으면 어떻게 될까요? 그가 우리를 보면서, 예수쟁이는 자기들 밖에 모른다고 생각하면요? 우리 보고 위선자 혹은 종교 사기꾼일 뿐이라고 말하고 다닌다면요, 그러면 어떻겠습니까?

우리는 주님의 마음으로 이웃을 보고, 사랑으로 그들의 입장이 되어 보려고 노력할 수 있습니다. 조금 더 그들의 눈높이를 고려해 볼 수 있습니다. 조금 더 관심을 갖고 들어 보고 그들과 이야기를 나누어 보는 것이죠. 물론 우리의 확신을 그들이 받아들이지 않을지도 모릅니다. 사실, 대부분이 그럴 것입니다.

우리가 오늘 하고 있는 한 가지씩의 행동에서부터 이웃에 대한 관심과 고려로 시작해 보면 어떨까요? 그 일을 통해 주님과 주님의 복음에 대해 궁금증을 갖는 이들이 생기면 참으로 기쁠 것입니다. 주님께서 역사하셔서 우리의 행함을 통로로 그 사람이 주님을 믿고 따르도록 하실지도 모를 일이고요. 우리의 기도와 묵상을 통해 주님께서 지혜 주시기를 바라면서, 이런 마음으로 함께 나아가길 원합니다. 그리고 주님께서 분명한 소신과 더불어 적절하게 처신할 지혜 또한 주시길 원합니다. 오늘 하는 우리의 이 일이 이 시대 주님의 나라를 위한 일로 쓰임이 있기를 기도합니다.

## 046

월    일

## 신실하신 주님을 바라봅니다

주님은 늘 신실하십니다.
제게 소망이 있는 것도 주님의 신실하심 덕분입니다.
그렇습니다. 주님은 변덕이 없으시고, 항상 저의 피할 바위이십니다.

주님은 위엄 있는 푸르른 산과 같습니다. 주님은 신실함 그 자체이십니다.
신실하시다는 말조차 주님의 신실하심을 다 담아내지 못합니다.
그래서 저는 주님께서 가장 순수하고 완벽한, 신실함 자체이시라고 말합니다.

주님의 신실하심이 오늘도 저를 살리며 생기 있게 합니다.
시냇물의 맑은 물소리도 주님의 신실하심 없이는 이루어질 수 없습니다.

오늘 맑은 하늘과 선선한 바람도 주님의 신실하심을 보이고 있습니다.
만물은 주님께로부터 나왔고 주님께로만 돌아가오니
이 모든 것은 주님의 신실하심으로만 가능한 일입니다.
주님. 주님의 신실하심으로 오늘도 저를 이끌어 주세요.
예수님의 이름으로 기도합니다. 아멘.

**찬양** 주 신실하심 놀라워 / 오 신실하신 주

**성경** 산들이 예루살렘을 두름과 같이 여호와께서 그의 백성을 지금부터 영원까지 두르시리로다_시 125:2

**묵상** 아침마다 어루만져 주시는 그 사랑의 손길에 나는 오늘도 반응합니다. 하루 이틀 느끼는 것이 아니지만 주님은 매일 아침을 은혜로 충만케 하십니다. 오늘 하루도 주님의 신실하심을 붙잡고 시작합니다.

## 047

### 주님만이 높임 받을 분이십니다.

크고 위대하신 주님.
저의 연약함이 주님의 영광을 가리지는 않을까 두려워하는 저에게
'나는 네 연약함 때문에 일을 이루지 못하는 여호와가 아니라'는
마음을 주시는 하나님 아버지.

주님은 말과 행동의 실수가 많은 저에게
저 자신이 아닌 주님께만 소망을 두도록 하시는 멋진 분이십니다.

주님 앞에서 저의 연약함을 인정합니다.
저의 연약함으로 인해 저의 이웃이 시험에 들지 않도록 마음의 주의를 둡니다.
오로지 주님께만 마음의 확신을 둡니다.

주님만이 영광과 높임을 받으시기 원합니다.
주님 외에는 아무도 주님의 자리를 빼앗지 못할 것입니다.
존귀와 영광과 박수를 받으실 분은 오로지 주님뿐이십니다.

주님의 영광을 앗아가는 자리가 제게도 여전히 남아 있다면
불쌍히 여기시고 겸손히 돌이키게 하시길 원합니다.
찬양받기 합당하신 예수님의 이름으로 기도합니다. 아멘.

**찬양** 주 찬양합니다 / 내 영혼아 주 찬양하여라

**성경** 나에게 이르시기를 내 은혜가 네게 족하도다 이는 내 능력이 약한 데서 온전하여짐이라 하신지라 그러므로 도리어 크게 기뻐함으로 나의 여러 약한 것들에 대하여 자랑하리니 이는 그리스도의 능력이 내게 머물게 하려 함이라_고후 12:9

**묵상** 예배가 나에게 기쁨이 됩니다. 나의 연약함이 드러나고, 나를 돌아보고, 주님께서 이끌어 가시는 내 삶을 생각하고, 주님 앞에 다짐할 수 있습니다. 물론 여전히 더디고 모자란 것이 있습니다. 그럼에도 하루하루 주님의 인도하심 가운데 살면서 성장하는 것에 대한 보람과 감사도 있습니다. 오늘의 하루도 주님께서 붙잡으셔서, 주님으로 인한 감격과 평안과 기쁨과 감사가 가득하길 원합니다.

## 048

월    일

주님의 살아 계심을 온 땅이 찬양합니다.

높고 위대하신 주님.
주님께서 지으신 세상은 참 아름답습니다.
주님은 강하시고 높으신 분입니다.

주님께서 세상에 계시지 않은 곳이 없고
주님께서 계시지 않는 시간도 없습니다.

주님은 모든 살아있는 것의 토대이십니다. 모든 지식의 출발이십니다.
주님께 매달려서만 세상이 존재하고 살아 숨을 쉽니다.

오늘 이 푸른 만물을 바라보며 주님의 살아 계심을 깨닫습니다.
주님께서 세상을 다스리심이 제 안에서도 깊이 경험됩니다.

세상의 주인이시며 가장 위대하고 거룩하시며
온 천하 만물의 찬양을 받기 합당하신 유일한 나의 주 하나님!
주님께 가장 큰 영광을 올려 드리기 원합니다.
예수님의 이름으로 기도합니다. 아멘.

| 찬양 | 온 땅이여 주를 찬양 / 참 아름다워라

| 성경 | 여호와의 이름을 찬양할지어다 그의 이름이 홀로 높으시며 그의 영광이 땅과 하늘 위에 뛰어나심이로다_ 시 148:13

| 묵상 | 주님 지으신 만물을 보며 묵상을 하고 기도를 하고 오늘의 나를 돌아보니, 주님께서 허락하시는 기쁨으로 충만케 됩니다. 먼 산을 바라보며 좇던 꿈은 주님께서 이미 허락하신 것이라는 사실도 깨닫습니다. 주님의 아름다움과 선하심 때문에 내 마음이 활기와 생명력으로 가득해 집니다.

## 049

햇살과 바람의 주인이신 주님께서
저의 목자이십니다.

저의 목자이신 예수님.
주님을 모른다 하는 이가 많고,
주님을 안다고 하지만 주님을 따르지 않는 이도 많습니다.

그러나 주님은 제가 따라야 할 유일한 목자이십니다.
주님을 따라 살게 해 주세요. 제 앞길을 비추어 인도해 주세요.

주님 없이 저는 살 수가 없습니다.
주님 없는 인생은 바람과 같습니다.
주님 없는 인생은 바닷가에 난 발자국과 같습니다.

오늘도 저에게 따뜻한 아침 햇살을 허락해 주셔서 감사합니다.
주님께서 아침마다 베푸시는 햇살로 새로운 하루를 맞습니다.

햇살의 주인이신 주님의 그 따뜻함으로
오늘 하루 저를 사로잡아 주세요.
예수님의 이름으로 기도합니다. 아멘.

**찬양** 아침마다 새롭고 / 아침 햇살 비칠 때

**성경** 나는 주의 힘을 노래하며 아침에 주의 인자하심을 높이 부르오리니 주는 나의 요새이시며 나의 환난 날에 피난처심이니이다_시 59:16

**묵상** 내 삶에 언제쯤 반짝반짝하고 흥미진진한 일이 일어날까 오랫동안 기다려 왔습니다. 그러나 어느 날, 주님께서 허락하시는 매일의 밋밋함과 평범함, 소소함과 사사로움이 내가 추구할 소중한 가치인 것을 알게 되었습니다. 일상의 삶은 주님의 인자하심으로 인해 유지된다는 깨달음이 나를 기쁨과 감격으로 이끌었습니다.

## 050

주님의 위대한 사랑에
오늘도 한 걸음 내딛습니다.

나의 죄를 사하시고 깨끗하게 하신 주님.
주님은 사랑이 많은 분이십니다.
주님의 사랑은 결코 작은 사랑이 아니며, 감정적이기만 한 사랑이 아닙니다.
감히 제가 흉내 낼 수 없으며 거룩하고 열정이 가득한 사랑입니다.

주님을 본 받는 길로, 주님과 동행하는 길로 저를 초대하시니 감사합니다.
저를 통해 주님의 일을 이루어가기 원하시니 이 또한 큰 감사입니다.

삶 속에서 일하고 계신 주님의 뜻을 발견하길 원합니다.
주님의 사랑을 나누는 자로 살아가길 원합니다.

저는 주님의 사랑을 베푸는 자로 살기에 너무 메말라 있습니다.
이기적이며 주님의 마음을 잘 모릅니다.
주님 더 알아가는 기쁨을 허락해 주세요.
주님 더 잘 알 수 있도록 하늘의 지혜도 내려 주세요.

주님께서 저를 자녀 삼아 주셨으니 저 또한 주님의 자녀로서 자녀답게 살겠습니다.
주님은 저를 붙들어 주시는 분이십니다.
예수님의 이름으로 기도합니다. 아멘.

**찬양** 주님의 마음 있는 곳 / 나의 생명 드리니

**성경** 너희가 전에는 어둠이더니 이제는 주 안에서 빛이라 빛의 자녀들처럼 행하라_엡 5:8

**묵상** 예수님을 믿는다고 우리 삶에서 꼭 놀라운 일이 벌어지는 것은 아닙니다. 믿음 있게 소신을 지켰지만, 그랬기 때문에 도리어 낭패를 보기도 합니다. 그러나, 그럼에도 불구하고 우리가 소신을 지켜야 할 이유는 분명합니다. 소신을 지켜서 낭패를 보는 것이 위선적이고 기만적인 방식으로 얻은 행복과 성취보다 훨씬 더 값지기 때문입니다.

## 051

주님께서 저를 놓지 않으시니
저도 주님을 붙잡고 살겠습니다.

주님께서 저에게 주신 이 날!
주님 앞에서 오늘을 돌아보며 주님께서 기뻐하시는 내일을 준비합니다.
제 모든 날은 오직 주님 앞에만 있습니다.

주님. 저는 주님 말씀 앞에 서기를 기뻐합니다.
주님은 저를 자녀 삼아 주시고, 주님의 말씀을 통해 죄악이 가득한 생활에서 벗어나서
주님을 바라볼 수 있도록 도우십니다.
주님. 저는 죄의 권세 아래서 죄와 여전히 씨름합니다.
제 모든 것을 주님께 돌이키고자 애쓰지만, 마음이 원하여도 육신이 약합니다.
하지만, 넘어지고 실패해도 저는 완전히 쓰러지지 않을 것을 믿습니다.
주님께서 저를 붙들어 주고 계시며,
주님께서 제게 붙여 주신 신실한 동역자들이 저와 함께 있기 때문입니다.

주님께서 저를 놓지 않고 붙들고 계시니
제 마음은 곤고함 가운데도 평안과 자유함이 끊이지 않습니다.
이것이 제 인생의 복음이며 저의 참 소망입니다.
예수님의 이름으로 기도합니다. 아멘.

**찬양** 거룩하신 하나님 / 영원하신 주님의

**성경** 다시 우리를 불쌍히 여기셔서 우리의 죄악을 발로 밟으시고 우리의 모든 죄를 깊은 바다에 던지시리이다 주께서 옛적에 우리 조상들에게 맹세하신 대로 야곱에게 성실을 베푸시며 아브라함에게 인애를 더하시리이다_미 7:19-20

**묵상** 다음부터 잘해 보겠다는 말이 때로는 지금까지 이렇게 했어도 괜찮다는 자기 위안이 되었습니다. 미약하나마 지금부터라도 주님의 본을 따르기 시작해야겠습니다.

## 052

월   일

사랑이신 주님을 따라
사랑하신 주님을 닮아가는 삶


주님. 주님은 저에게 사랑할 사람을 붙여 주십니다.
그리고 제가 사랑하며 살게 하십니다.
사랑할 사람이 있다는 것이 저에게 얼마나 큰 축복이며 놀라운 일인가요!

주님. 이 사랑할 사람들이 있기에 저는 참 사랑이신 주님을 생각할 수 있습니다.
그리고 사랑이신 주님을 조금 더 알아가기를 기대하게 됩니다.
사랑의 근원이요, 사랑 자체가 되시는, 놀랍고 사랑 많으신 사랑의 하나님!

사랑할 때 세상이 아름다워 보입니다.
세상이 사랑으로 가득해 보입니다.
주님께서 세상에 허락하신 창조의 신비도 묵상할 수 있습니다.
주님의 사랑은 참으로 좋은 것입니다.

주님께서 지으신 아름다운 세상에서 주님과 동행하며 살아감이 큰 기쁨이 됩니다.
그러하기에 저는 어떤 상황에서도 결코 포기하거나 낙담치 않기로 다짐합니다.
사랑이신 주님을 따라 살기 원합니다.
사랑하신 주님을 닮게 도와주세요.
예수님의 이름으로 기도합니다. 아멘.

**찬양** 사랑의 주님이 날 사랑하시네 / 죽기까지 사랑하신 주

**성경** 어느 때나 하나님을 본 사람이 없으되 만일 우리가 서로 사랑하면 하나님이 우리 안에 거하시고 그의 사랑이 우리 안에 온전히 이루어지느니라_요일 4:12

**묵상** 주님께서 나를 위해 보이신 사랑 덕에, 나를 위해 그 사람이 있지 않고 그 사람을 위해 내가 있다고 생각해 볼 수 있었습니다.

## 053

월    일

기도할 때 능력으로 일하실 주님을 기대합니다.

주님. 저의 약함을 고백합니다.
저의 작음을 고백합니다.
저의 부족함을 고백합니다.
제가 할 수 없음을 고백합니다.

약함을 고백하는 자를 주님의 강함으로 채우시길 원합니다.
작음을 고백하는 자리에 주님의 크심으로 채우시길 원합니다.
부족함을 고백하는 자리에 주님의 넘침으로 채우시길 원합니다.
할 수 없다 고백하는 자리를 주님의 능력으로 채우시길 원합니다.

기도함으로 준비하며,
기도할 때에 능력으로 일하실 주님을 기대합니다.
말씀 앞에 나아가며,
말씀으로 저의 걸음을 인도하실 주님을 소망합니다.
주님만이 저의 기대이며 소망이시기에
저에게 허락된 오늘 하루도 감사와 은혜가 넘칩니다.
예수님의 이름으로 기도합니다. 아멘.

**찬양** 나를 지으신 주님 / 기도하는 이 시간

**성경** 아무 것도 염려하지 말고 다만 모든 일에 기도와 간구로, 너희 구할 것을 감사함으로 하나님께 아뢰라_빌 4:6

**묵상** 때로는 기도하면서 더 답답함을 느낍니다. 하나님은 응답하지 않는 분이신가 싶기도 하고, 그분의 뜻을 이해 못하는 내가 잘못인가 싶기도 합니다. 하지만 다 이해 못하는 와중에도 기도의 제목으로 놓고 계속해서 씨름하던 문제들이 어느 순간 내 삶에 이미 들어와 있는 감사의 제목임을 알게 됩니다.

## 054

월    일

주님 뜻을 이루도록
지혜와 분별력을 허락하실 주님

주님. 시대를 어떻게 타고 나는지는 제가 결정할 수 없습니다.
어떤 삶을 살게 되는지도 제가 결정할 수 없습니다.
제가 준비할 수 있는 것이 있지만, 준비할 수 없는 것도 많습니다.

다만 제가 어떤 시대나 어떤 상황에 처했는지 관계없이
주님을 따르는 선택을 하는지 그렇지 않은지가
저에게 가장 중요한 일이 됨을 압니다.

무엇을 선택하며 살아가야 할지
알기 어려운 혼란과 어지러움 가득한 이 세상에서
주님께서 지혜와 분별력을 허락해 주시길 원합니다.
주님의 길을 따르게 해 주시길 원합니다.

순간의 선택들 가운데도 지혜와 은혜를 베풀어 주세요.
예수님의 이름으로 기도합니다. 아멘.

**찬양** 이 세상의 부요함보다 / 온 세상이 캄캄하여서

**성경** 내게 주신 은혜로 말미암아 너희 각 사람에게 말하노니 마땅히 생각할 그 이상의 생각을 품지 말고 오직 하나님께서 각 사람에게 나누어 주신 믿음의 분량대로 지혜롭게 생각하라_롬 12:3

**묵상** 나의 어떠함에 관계없이 주님은 영광 받으십니다. 그러나 나를 통해서도 주님의 방식대로 영광 받아 주시기를 기대합니다. 이를 위해, 오늘 맡겨진 일에도 주님의 신실하심을 따르며 살기로 다짐합니다.

## 055

### 한계에 머물지 않으시는 주님

주님. 제가 알지 못하고 보지 못하는 세계가 너무 넓습니다.
제가 속한 곳, 제가 보며 살아가고 이해하는 세상이 너무나도 작습니다.
주님께서 만드신 넓은 세상은 제가 알고 이해하는 범위를 넘어섭니다.
그것들을 만드신 주님을 더더욱 헤아릴 수 없습니다.

그러나 저의 작음과 한계를 인정하는 가운데
저는 주님의 살아 계심과 일하심을 결코 부인하지 않겠습니다.
주님은 저의 머리 속에 완전히 들어오시는 분은 아니지만
머리 속을 가득 채우고도 끝없이 그 깊고 높으심을 밝혀 주십니다.
저는 매일 주님을 충분히 이해하지는 못하지만
주님의 살아 계심을 충분히 깨닫는 자로 하루 한 날을 삽니다.

주님은 저를 만드셨고, 세상을 만드셨고, 온 우주를 만드셨습니다.
저는 주님께서 창조주이심을 아는 피조물로서 주님을 바라보고 소망하며 살기 원합니다.
예수님의 이름으로 기도합니다. 아멘.

**찬양** 주 내 소망은 주 더 알기 원합니다 / 빛나고 높은 보좌와

**성경** 무지한 말로 이치를 가리는 자가 누구니이까 나는 깨닫지도 못한 일을 말하였고 스스로 알 수도 없고 헤아리기도 어려운 일을 말하였나이다_욥 42:3

**묵상** 더 이상 아무 일도 하기 싫고 그것을 감당할 힘조차 없을 때에는 엉뚱한 일을 계속하며 '찡찡대는 것'보다 그냥 눈을 감고서 '내가 할 수 있는 데까지만 하고, 결과는 주님께 맡기자'라고 읊조리는 것이 낫습니다.

056　　　　　　　　　　　　　월　　일

## 죄인인 저를 의인 삼아 주신 주님을 찬양합니다.

주님. 주님의 말씀에 저 자신을 비춰 볼 때, 저의 죄인 됨이 명백합니다.
주님의 말씀은 선하고 거룩한 것이기에 그 앞에 비친 저는 정죄를 받습니다.

그러나 정죄 받는 자리에 마냥 내버려 두지 않으시는 주님께서 저와 함께 하십니다.
그러하기에 제 인생은 결코 망하지 않습니다.
주님의 보혈은 저의 구원을 완전히 이룹니다.

주님을 찬양합니다. 주님은 저에게서 자격과 조건을 찾지 않으셨습니다.
제 모습을 그대로 보시고 존귀하게 대해 주셨습니다.
예수님을 마음의 주로 모시는 구원의 은총을 저에게 베풀어 주셨습니다.

주님의 놀랍고 거룩하며 값진 사랑에
영원히 주님만 저의 주인으로 모시고 싶다고 고백합니다.
주님만 저의 주인이 되어 주세요.
주님을 평생 참되게 사랑하고 따르는 자로 살길 소원합니다.
예수님의 이름으로 기도합니다. 아멘.

**찬양** 우리 죄 위해 죽으신 주 / 나 같은 죄인 살리신

**성경** 그런즉 이스라엘 온 집은 확실히 알지니 너희가 십자가에 못 박은 이 예수를 하나님이 주와 그리스도가 되게 하셨느니라 하니라_행 2:36

**묵상** 주님으로 인해 나는 복 받은 사람이 됩니다. 감사할 것이 많은 사람이 됩니다. 주님께서 허락하시는 행복과 감사가 내게 넘칩니다.

## 057

월    일

주님을 사랑하고
경외하는 삶으로 나아갑니다.

주님. 저의 유익만을 위해 달려가는 길은 외길임이 틀림없습니다.
제가 이를 분명히 알게 해 주세요!

나누는 것이 왜 복된 삶인지 제가 분명히 알게 해 주세요.
사랑하는 것이 왜 더 값진 인생인지도 제가 분명히 알게 해 주세요.

저에게 세상을 바꿀 힘은 없습니다.
다만 세상을 놀라게 할 힘은 나올 수 있길 원합니다.

이 힘은 다른 곳에서 나오지 않습니다.
주님을 참되게 사랑함과 경외함에서만 나옵니다.
주님을 아는 지식이 있게 해 주세요.
주님 안에서 구별된 생활을 살게 해 주세요.

주님을 바라보며 주님을 위한 일을 시작하기 원합니다.
예수님의 이름으로 기도합니다. 아멘.

| 찬양 | 주 임재 안에서 / 온유한 주님의 음성

| 성경 | 인자와 진리로 인하여 죄악이 속하게 되고 여호와를 경외함으로 말미암아 악에서 떠나게 되느니라_잠 16:6

| 묵상 | 내 마음 깊숙한 곳에서는, 무슨 일이든 결국 나를 위한 것으로 생각하고서 합니다. 그러니 나는 결국에는 그 일의 노예처럼 살아갑니다. 그러나 내가 아닌 이웃과 주님을 위한 삶을 다짐해 봅니다. 그제서야 영적 해방감을 경험합니다. 이것이 주님께서 나에게 기대하시는 일이었습니다.

# 058

## 주님 계신 자리가 제가 있어야 할 곳입니다

주님. 제가 다른 사람을 하나님의 형상으로 바라보고 귀히 여기게 해 주세요.
사람을 외면적인 것들로 판단하거나 평가하지 않기 원합니다.
제 마음은 쉽게 보이는 것들을 향하기 때문입니다.

주님. 제가 진정으로 바라보아야 할 곳은 주님께서 계신 자리임을 알고 있습니다.
주님께서 원하시는 자리에서 주님의 뜻을 이루어 드리는 삶을 살고 싶습니다.

오, 주님. 주님께서 제 마음을 붙잡아 주시고 오직 주님 앞에서만 살게 해 주세요.
주님을 기쁘시게 하는 안목을 가지고 하루하루를 경영하며 살게 해 주세요.

예수님의 이름으로 기도합니다. 아멘.

**찬양** 주여 부르신 뜻대로 / 예수가 우리를 부르는 소리

**성경** 여호와께서 임하여 서서 전과 같이 사무엘아 사무엘아 부르시는지라 사무엘이 이르되 말씀하옵소서 주의 종이 듣겠나이다 하니_삼상 3:10

**묵상** 내가 있는 자리가 주님께서 함께하시는 자리라는 것을 알았을 때, 마음의 부담을 덜 수 있었습니다. 주님은 온유하고 그 짐은 가벼운 것(마 11:29)이라 하셨기 때문입니다. 주님은 닦달하지 않으시고 내가 하는 일이 주님을 위한 일일 수 있도록 격려하시며, 궁극적으로 내 삶을 선하게 인도하셨습니다.

하나님께 올려드리는 나의 기도

# 05
# 평안과 기쁨

하나님의 성품을 닮아가는
그리스도인

**필사를 위한 묵상**

## "아빠 마음이 이런 걸까요?"

아들 한결이는 저의 목소리만 들으면 '나 잡아 봐라'하고 도망갑니다. 웃으면서 매번 도망가는 아들 쫓느라 저는 얼마 안 가서 진이 다 빠집니다. 그렇다고 이 녀석을 가만히 내버려 두자니, 쓰레기 더미나 뒤지고 아무거나 주워 먹으려고 해서 그럴 수도 없습니다. 게다가 아내랑 있으면 아내한테 도망가면서 저보고 '나 잡아 봐라'를 훨씬 더 심하게 선보입니다. 제가 아무리 열심히 봐줘도 아빠는 놀아주는 사람일 뿐 엄마가 더 좋은가 봅니다. 어휴. 아무튼 이런 사투를 벌이다 보면, 하루에 두 번씩 제 힘은 바닥이 나고 맙니다. 아기 키우는 것은 늘 삶의 기쁨이면서 피로와 보람을 동시에 주곤 합니다.

그런데, 한결이를 키우면서 주님의 마음을 배웁니다. 내 뜻대로 되는 것이 없어도, 아들이 저렇게 신나하는 모습을 보며 땀 뻘뻘 흘리며 쫓아가는 저 자신을 발견합니다. 주님께서도 뜻하신 대로 살지 않는 저를 보며 그러실까요? 쓰레기통을 멀리 치우고, 위험한 물건을 손이 안 닿는 곳에 두면서까지 한결이를 세상(=거실)에 풀어 놓습니다. 그리고 또 저는 거기에 맞춰서 놀아 주고 있지요. 아마 주님도 저에게 그래 오신 것 같습니다. 주님의 자녀인 저에게 치명적이고 감당 못할 시험은 비켜 가게 하시면서도, 세상으로 저를 내보내셨습니다. 그리고 저라는 사람에 맞추어서 함께 교제하고 일하셨습니다.

저는 주님 마음으로 살지 못할 때가 참 많았습니다. 한결이를 바라보며 느끼는 아빠의 마음을 통해 주님의 사랑과 배려를 알아 갑니다. 한결이도 우리 모두의 참 아빠이신 주님을 조금씩 더 배우고 알아 가면 좋겠습니다. 무엇보다도 크신 주님의 사랑을 한결이가 살아가며 꼭 알 수 있기를 바랍니다.

**필사를 위한 묵상**

## "그저 주님 안에서 살고 싶습니다"

---

인기를 바라거나 시샘의 시선을 강하게 의식하는 것은 모두 저의 영적 건강에 좋지 않았습니다. 필요 이상의 기대를 받는 것도 두려운 일이었습니다. 지나친 반응에 마음을 크게 두는 것은 가장 탈이 나기 쉬운 일입니다.

단지 오늘 하루를 아무렇지 않은 듯 정성껏 살고 싶습니다. 관심병이나 강박증이 생기지 않도록 저를 너무 한쪽으로만 몰아세우지 말아야겠습니다. 주님 앞에서, 주님께서 계획하신 하나님의 형상으로서의 제가 더 의미 있기 때문입니다. 저에게 주어진 가족과 친구를 통해 적당한 삶의 이유와 동력을 제공받아 가며 살고 싶을 뿐입니다.

누구보다 주님은 제 마음을 아시는 분입니다. 주님께서 제 걸음을 인도하시는 분이기에 제 마음도 평안합니다. 언제까지나 제 마음의 쉴 곳이며 살아갈 힘이 되시는 주님께서 제 마음과 생각을 다스려 주시길 원합니다. 오늘도 여전히 주님의 사랑이 저를 살리고 인도함을 고백합니다.

## 059

월    일

### 주님을 따라서 살기 원합니다°

주님은 오늘 제가 무엇을 하기 원하십니까?
어떤 생각을 하며 지내기 원하십니까?

오늘도 저는 함께 하시는 주님으로 인해 감사를 누립니다.
특별하게 부어주신 은총,
말씀과 기도의 삶을 누릴 수 있음에 감사합니다.

오늘도 말씀으로 삶의 원리를 찾고, 그것에 의지하여 살기를 원합니다.
주님은 신자에게 어떻게 살아야 할지 기계적으로 정해 놓지 않으시고,
우리가 기도하며 자유롭게 주님을 따르게 하셨습니다.
그리고 그 와중에 뜻하신 바를 다 이루어 가십니다.

주님의 주관하심과 놀라운 행적에 놀라지 않을 수 없습니다.
위대하신 주님을 기뻐합니다.
주님을 따르며, 주님의 위대한 일과 행하심을 배우며 살기 원합니다.
인도자이신 예수님의 이름으로 기도합니다. 아멘.

**찬양** 주님 말씀하시면 / 믿음의 새 빛을

**성경** 말씀하시되 나를 따라오라 내가 너희를 사람을 낚는 어부가 되게 하리라 하시니_마 4:19

**묵상** 우리는 예수님을 따라 살기 위해 말씀을 붙잡습니다. 말씀을 붙잡을 때 주님의 기뻐하시는 뜻도 알게 됩니다. 또 우리는 주님의 기뻐하시는 뜻을 따라 살기 위해 기도합니다. 기도하면서 날 위해 십자가를 지신 예수님의 사랑도 알게 됩니다.

## 060

### 주님을 묵상함이 가장 큰 기쁨입니다.

주님. 저는 오해를 받을 때,
유일한 의인으로서 억울하게 죄인 취급 받으신 예수님을 묵상합니다.
저는 놀림을 당할 때,
참 하나님으로서 사람이 되셔서 고난 받으신 예수님을 묵상합니다.

이 묵상은 저의 특권입니다.
이 묵상은 신자의 정체성입니다.

주님은 오늘도 크고 아름다우십니다.
오늘도 주님은 자녀에게 선하십니다.
어떤 상황에서든지 주님과 동행할 때 천국을 경험합니다.
주님과 함께 할 때 천국을 맛보고, 주님과 멀어질 때 지옥을 봅니다.

제가 참으로 동행할 분은 주님뿐이십니다.
제 맘을 꼭 붙잡아 주세요.
제가 주님을 떠나 살지 않게 해 주세요.
주님 안에 참된 기쁨과 평안이 있습니다.
예수님의 이름으로 기도합니다. 아멘.

**찬양** 아버지 사랑 내가 노래해 / 나의 기쁨 나의 소망 되시며

**성경** 내가 이것을 너희에게 이름은 내 기쁨이 너희 안에 있어 너희 기쁨을 충만하게 하려 함이라_요 15:11

**묵상** 저는 기도 생활이 기쁘고 즐겁습니다. 기도를 통해 주님 안에서 평안과 기쁨을 누리고, 제 마음도 주님께서 주시는 힘으로 다시 충전됩니다. 그러나 기도 생활이 결코 쉬운 일이라고 생각하지는 않습니다. 기도 생활은 부단한 연습과 묵상 훈련으로 가능해진다고 생각합니다.

## 061

월        일

주님은 다스리는 분이시며
선을 이루는 분이십니다°

주님.
주님의 위대하신 주권을 고백하고 인정하는 일은 저에게 굉장히 어려운 일이었습니다.
세상에는 이해할 수 없는 일이 너무도 많기 때문입니다.
그러나 이것을 인정하고 고백할 때, 저는 자유함을 얻었습니다.
주님.
제가 감수성이 부족하고 사람을 이해하는 능력이 떨어지기에
주님의 주권을 고백하는 사람이 되지는 않길 원합니다.
제가 주님의 위대하심과 다스리심을 고백한다고 하여도
다른 사람의 아픔과 고통을 가볍게 생각하지는 않길 원합니다.
주님은 우리를 긍휼히 여기사 눈물도 흘리셨음을 압니다(요 11:33).
그러니 저 또한 슬픔 가운데 있는 자들과 함께 하길 원하시겠지요?(롬 12:15)
저는 주님의 크심과 높으심과 신실하심과 일하심을 믿습니다.
주님의 뜻이 이 땅에 충만히 임하는 날을 날마다 기다립니다.
주님의 다시 오실 날은 제 마음의 참 소망이요 소원이 됩니다.
그날에는 이 모든 이해할 수 없는 일들을 이해할 수 있을 것입니다.
주님은 오늘도 작은 저에게 평안을 허락하십니다.
다시 오실 주님의 날에 대한 확신으로 기쁨을 얻게 하십니다.
사랑의 주, 예수님의 이름으로 기도합니다. 아멘.

| 찬양 | 주님 나라가 임할 때 / 주여 우리 무리를

| 성경 | 너희 안에서 착한 일을 시작하신 이가 그리스도 예수의 날까지 이루실 줄을 우리는 확신하노라_빌 1:6

| 묵상 | 단추 구멍은 한 번 잘못 끼우면 계속 잘못 들어갑니다. 생각도 그렇습니다. 조금만 잘못 생각하면 한도 끝도 없이 멀리 가버립니다. 그럴 바엔 처음부터 다시 시작하는 것이 낫습니다. 생각의 흘러가는 방향을 날마다 주님의 다스리심과 신실하심에 두길 원합니다.

## 062

월    일

### 주님 안에서 저는 평안합니다.

주님 안에서 저는 자유롭습니다.
주님 안에서 저는 참 평안을 얻습니다.
주님 안에서 저는 타인을 사랑할 수 있습니다.
주님은 자유이시며 평안이시며 사랑이십니다.

주님께서 계시기에 마음이 놓이고
주님께서 함께 하시기에 마음의 짐이 내려놓아집니다.
주님께서 계시기에 더 이상의 두려움이 없고,
오직 주님만이 경배를 받으실 유일한 분이시며 모든 영광에 합당하신 분입니다.

주님. 저의 앞길을 밝히 보여 주세요.
저의 계획대신 주님의 계획으로 인도해 주세요.
주님의 마음이 저에게 있게 해 주세요.
주님께서 주시는 마음으로 오늘을 숨 쉬며 살게 해 주세요.
예수님의 이름으로 기도합니다. 아멘.

**찬양** 우리 주 안에서 노래하며 / 주의 말씀 받은 그 날

**성경** 주의 법을 사랑하는 자에게는 큰 평안이 있으니 그들에게 장애물이 없으리이다_시 119:165

**묵상** 평안하게 살고 싶지 않아서 평안하지 못한 것이 아닙니다. 마음 안에 평안을 주는 '영적 자유'가 없기 때문에 평안하지 못한 것입니다. 이 영적 자유는 주님과 주님께서 행하신 복음의 능력으로 인하여 우리에게 주어집니다.

## 063

### 주님께 제 삶을 드립니다

주님. 주님께서 함께 해 주시는 시간들로 인해 제 일상에 복이 가득합니다.
저의 하루의 시작과 마침이 주님께 있으니 제가 있는 자리가 주님 안에서 달콤합니다.
주님 안에서 주님을 기억함으로 하루를 기분 좋게 끝냅니다.
주님께서 허락하시는 날까지 주님을 위한 삶을 다하기로 다짐합니다.

저의 앞길을 주님께서 이끌어 주시길 원합니다.
제게 감당치 못할 시험은 허락하지 말아 주시길 원합니다.
주님의 음성을 좇아 주님을 신뢰하는 한 발짝을 내딛게 해 주세요.
주님을 높이는 하루를 살게 해 주세요.
주님의 것을 제 것으로 알고서 가로채지 않게 해 주세요.
주님께서 주신 비전으로 저에게 맡겨진 자리를 살아내게 해 주세요.

저의 오늘은 저의 것이 아니며 저의 내일도 저의 것이 아닙니다.
저의 오늘은 주님께서 맡기신 바 된 주님의 것이며
저의 내일도 주님께서 맡기실 바 될 주님의 것입니다.
저의 오늘과 내일과 미래까지도 기꺼이 주님께 드리기로 결정합니다.
예수님의 이름으로 기도합니다. 아멘.

**찬양** 주님과 함께 하는 이 고요한 시간 / 주님의 뜻을 이루소서

**성경** 당신은 가서 수산에 있는 유다인을 다 모으고 나를 위하여 금식하되 밤낮 삼 일을 먹지도 말고 마시지도 마소서 나도 나의 시녀와 더불어 이렇게 금식한 후에 규례를 어기고 왕에게 나아가리니 죽으면 죽으리이다 하니라_에 4:16

**묵상** 주님으로 인한 확신과 평안, 그리고 만족은 자기 스스로 최면을 걸어서 갖는 것이 아닙니다. 주님께서 주시는 마음의 평안과 확신은 개인의 심리적인 요인으로 국한되는 것도 아닙니다. 이 평안은 우리가 예수님의 십자가 사건에 의하여 겸손함과 담대함을 가지고 주님께 생명을 드리기로 결단함에서 나옵니다. 신자는 이런 결단을 의무로 여기고 하게 되는데, 그로 인해 허락되는 선물은 참된 기쁨과 안심과 평안입니다.

## 064

월    일

### 주님 안에서 제가 자유합니다°

주님. 저는 주님 안에서 자유롭습니다.
주님은 제 어떠함을 구원의 공로로 찾지 않으시고
아무 자격 없는 저에게 은혜를 선물로 주셨습니다.

주님은 저의 잘남으로 저를 구원하는 분이 아니십니다.
저의 못남으로 인해 저를 버리는 분도 아니십니다.

자격 없음에도 허락하시는 구원으로 인해,
주님은 저에게 매일의 감사를 주시고
복음의 소망으로 다시 일어나 살게 해 주십니다.

오늘도 주님께서 보이신 신실하심으로 인해
마음에 평안함을 누립니다.
주님 안에서 자유와 만족이 있음을 다시 깨닫습니다.

주님만 저에게 참 소망이시며 목자이시며 영원한 생수가 되십니다.
주님으로 인해 만족하는 삶 살기를 원합니다.
예수님의 이름으로 기도합니다. 아멘.

**찬양** 왕 되신 주께 감사하세 / 오 나의 주님 친히 뵈오니

**성경** 다윗 왕이 여호와 앞에 들어가 앉아서 이르되 여호와 하나님이여 나는 누구이오며 내 집은 무엇이기에 나에게 이에 이르게 하셨나이까_대상 17:16

**묵상** 나의 가치와 잘남으로 인해 허락된 구원이었다면 나는 평안을 누리지 못했을 것입니다. 나는 언제라도 넘어질 수 있는 연약한 자이기 때문입니다. 구원 받음을 위해 내가 유일하게 한 것이 있다면 죄를 지은 것뿐입니다. 그러나 주님의 자비하심은 나의 연약함을 압도합니다. 이 자비하심은 예수님의 몸값을 치루고 얻은 것입니다. 따라서 주님의 자비는 내 삶을 지탱하는 반석이 됩니다.

## 065

월    일

주님께서 이루신 구속의 은총에
기쁨이 넘칩니다.

주님. 주님께 대한 믿음과 사랑이 오늘 저를 살게 하는 동력입니다.
주님께 대한 죄송함과 용서를 구함이 오늘 하루 저의 살아갈 목적이지 않기를 원합니다.
주님께 받고 누린 크신 기쁨과 은총이 오늘 하루 저의 살아갈 이유이길 원합니다.

구속의 은총이 저를 죄책과 수치로부터 해방시킵니다.
복음의 기쁨이 감사의 호흡이 되어 저를 살게 합니다.

피곤하고 지쳐 있는 중에라도 주님을 기억하기 원합니다.
실수하고 무너진 자리에서라도 주님의 놓지 않으시는 사랑을 간직하기 원합니다.

오늘도 함께 하시는 주님을 찬양합니다.
날마다 기쁨과 평안과 자유를 주시는 예수님의 이름으로 기도합니다. 아멘.

**찬양** 나는 자유해 / 예수를 나의 구주삼고

**성경** 그러므로 아들이 너희를 자유롭게 하면 너희가 참으로 자유로우리라_요 8:36

**묵상** 내가 예수님을 십자가에 못 박았습니다. 그분의 머리에 가시관을 씌우고 그분의 허리에 창을 찌르고 그분의 손과 발에 못을 박았습니다. 또 그분의 얼굴에 침을 뱉었고, 그분을 조롱하고 멸시했습니다. 그런데 주님은 그런 나를 위해 십자가에 달려 죽으셨습니다. 그리고 오늘의 나에게 참된 영적 자유를 선사하셨습니다.

## 066

월    일

### 주님께서 저의 삶을 주장해 주십니다.

주님.
제가 복음 안에서 자유와 기쁨을 누리기에
그 어떤 권세자도 저를 정죄할 수 없습니다.
주님의 자녀로 세상에서 구별되어 부르심을 받고
주님의 자녀로 이 땅을 살게 되었습니다.
주님의 거룩한 부르심에 오직 감사와 영광과 찬양을 올려 드립니다.

주님.
오늘 저의 입술이 주 앞에서 범죄 하지 않도록, 혀를 지켜 주시길 원합니다.
저의 언행이 이웃의 마음에 상처 주지 않길 원합니다.
저의 마음을 지켜 주셔서,
매일 주님의 말씀이 제시하는 삶을 살게 해 주시길 원합니다.
주님의 말씀으로,
저의 삶이 든든히 세워져 가는 경험을 하게 해 주시길 원합니다.
예수님의 이름으로 기도합니다. 아멘.

**찬양** : 이와 같은 때엔 / 은혜로신 하나님 우리 주 하나님

**성경** : 그리스도께서 우리를 자유롭게 하려고 자유를 주셨으니 그러므로 굳건하게 서서 다시는 종의 멍에를 메지 말라_갈 5:1

**묵상** : 기도하는 유일한 이유가 주님에 대한 사랑 때문일 때가 있습니다. 주님의 자녀로 삼아 주심이 감격이고, 의롭다 여겨 주심이 감사이고, 이 자리로 부르심이 감동인 때가 있습니다. 이때만큼은 "젖 뗀 아이가 그의 어머니 품에 있음"(시 131:2) 같다는 다윗의 고백이 나의 고백이 됩니다.

## 067

월    일

### 주님의 길이 가장 가치 있음을 믿습니다°

주님. 주님께서 주신 길을 기쁨으로 따라갑니다.
누가 저에게, 너는 왜 그 길을 가는지 합리적으로 설명해 보라 해도
저는 그 사람에게 주님 주신 길을 해명할 이유를 찾을 필요가 없습니다.

이 길이 주님께서 제게 주신 길이라 믿기 때문이고
이 길이 저에게 가장 아름답고 가치 있는 길이라 믿기 때문입니다.
그러하기에 저의 마음이 외롭고 쓸쓸해질지라도
주님을 바라보며 기꺼이 나아가겠습니다.

주님은 참으로 변치 않으시고 저를 실망시키지 않으시는 분이십니다.
다른 누구도 의지할 수 없어 지쳐 울음이 날 때에도
저를 위해 죽으신 예수님을 기억하겠습니다.

주님은 저의 참 소망이시며 언제나 저에게 생명을 주시는 분입니다.
예수님의 이름으로 기도합니다. 아멘.

**찬양** 세상의 길과 다른 길 / 주여 나의 생명

**성경** 여호와께서 아브람에게 이르시되 너는 너의 고향과 친척과 아버지의 집을 떠나 내가 네게 보여 줄 땅으로 가라_창 12:1

**묵상** 주님은 나를 위해 기도를 지정해 주셨습니다. 나의 연약함에도 불구하고 기도를 통해 주님 앞에 나아갈 수 있게 하셨습니다. 나의 믿음이 기도를 따라, 기도를 통해 주님 앞에 삶의 고백으로 올려 드립니다.

## 068

### 주님 은혜와 지혜로만 살아가기 원합니다.

주님. 주님은 감당할 수 있는 시험만 허락하십니다.
그렇기에 혹여 실수하고 무너져 있을 때에도, 저는 두려워 할 필요가 없습니다.

주님은 감당할 만큼의 시험으로 저를 더욱 온전케 하실 것입니다.
주님께서 허락하시는 영적 상급으로 저는 더욱 부요케 될 것입니다.

주님. 제가 어떤 상황에서도 기도로 주님께 도움을 요청하는 사람이 되길 원합니다.
새 힘과 옳은 힘을 허락하시는 분은 오직 주님뿐이시기 때문입니다.

주님의 은혜와 지혜를 사모하는 사람으로 살길 소원합니다.
주님의 은혜와 지혜로만 살아가는 사람이길 소원합니다.
예수님의 이름으로 기도합니다. 아멘.

**찬양** 왜 슬퍼하느냐 / 나의 맘에 근심 구름

**성경** 다윗이 광야의 요새에도 있었고 또 십 광야 산골에도 머물렀으므로 사울이 매일 찾되 하나님이 그를 그의 손에 넘기지 아니하시니라_삼상 23:14

**묵상** 기도하는 나는, 주님께서 함께하시며 지키시는 분이심을 잊지 않을 수 있습니다. 하나님의 보좌 우편에서 중보하시는 예수님(히 7:25), 그리고 내 마음 안에서 중보하시는 성령님(롬 8:26)의 도우심과 이끄심을 경험할 수 있습니다.

## 069

주님으로 인해 발걸음이
가볍고 기쁨이 넘칩니다.

주님. 주님께서 저를 자녀 삼아 주심으로 제 발걸음이 가볍습니다.
주님은 저를 죄로부터 자유롭게 하셨습니다.
그렇기에 사망의 찌르는 것도 저를 두렵게 하지 못합니다.

저에게 남겨진 여전한 부족함은
유일한 구속자 예수 그리스도를 갈망하게 해 줍니다.
저의 죄악은 저를 겸손케 하는 것이며 주님께로 나아가게 하는 것입니다.

주님의 높고 위대하신 이름을 찬양합니다.
주님은 저에게 영적 자유로움을 선물로 주셨고
주님의 영원하신 아름다움을 바라며 만족케 하십니다.

진정한 행복은 주님으로 인해서 가능합니다.
행복과 기쁨의 근원이 되시는 주님께서 저의 삶을 인도하실 줄 믿습니다.
예수님의 이름으로 기도합니다. 아멘.

**찬양** 주 예수 나의 산 소망 / 주의 발자취를 따름이

**성경** 그는 허물과 죄로 죽었던 너희를 살리셨도다_엡 2:1

**묵상** 주님의 이름을 붙잡고 기도할 때 주님은 주님의 위엄과 영광을 맛보게 하십니다. 주님 안에서 안정감과 행복감을 누립니다. 저는 주님께서 형언 할 수 없이 아름답고 달콤한 분이시라 생각합니다. 주님의 영광이 경험될 때 주님의 일하심이 매우 감미롭게 느껴지기 때문입니다.

## 070

## 주님을 사랑합니다

주님. 주님은 사랑이십니다. 참으로 그렇습니다.
제가 주님 안에서 날마다 살았습니다.

주님의 손과 팔이 저의 가장 큰 위로이며 복입니다.
주님은 선하시고 저의 신뢰를 받으실 만 하십니다.

주님의 살과 피가 저에게 가장 달고 맛난 것입니다.
주님 안에서 안심하며 저는 오늘도 잠에 듭니다.

날마다 주님께 바친 인생이고 싶습니다.
주님을 사랑합니다. 진실로 그렇습니다.
예수님의 이름으로 기도합니다. 아멘.

**찬양** 나의 맘 받으소서 / 겟세마네 동산에서

**성경** 하나님의 사랑이 우리에게 이렇게 나타난 바 되었으니 하나님이 자기의 독생자를 세상에 보내심은 그로 말미암아 우리를 살리려 하심이라_요일 4:9

**묵상** 요즘 어떠냐는 누군가의 질문에 '그저 그렇지.' '바쁘지 뭐'라는 대답으로 일관했습니다. 그것이 주님께서 지으신 만물과 주님의 말씀을 마주하는 일상의 태도였습니다. 그런데 문득 예수 그리스도께서 행하신 일들이 경이롭게 느껴집니다. 주님의 행적에 대한 감동이 회복되자 주님의 손길과 일하심에 반응하게 됩니다. 주님을 사랑한다는 중심의 고백을 드립니다. 주님께서 저의 메마름과 삭막함과 무료함을 한순간에 경이로움과 생명력과 감탄으로 바꾸어 주셨습니다.

하나님께 올려드리는 나의 기도

Epilogue

# 감사의 기도!
(2권의 후기)

---

"주님. 주님을 떠올리면 제 마음에 안심과 평화가 찾아옵니다. 주님 안에서 쉼을 얻도록 제가 지어졌습니다. 주님을 기억함이 없을 때 저는 차가움과 저 자신의 가치만 쫓고자 했지요. 저에게는 있는 것과 없는 것이 있지만, 주님 계심이 가장 큰 위로였습니다. 주님 안에는 총명과 따뜻함과 친절함과 경청함과 사랑함과 긍휼함이 충만합니다. 주님께 속한 나일 때 비로소 저는 진짜로 살아있음을 알았습니다. 주님을 사랑했기에 기도문을 이어갈 수 있었습니다. 이 기도문과 기도하는 자의 삶도 주님의 것임을 알기에 오직 주님께만 이 모든 영광이 있기를 원합니다. 예수님의 이름으로 기도합니다. 아멘."